江戸という幻景

新装版

Watanabe Kyoji

渡辺京二

弦書房

◉装丁　毛利一枝
・カバー装画　「近世畸人伝」（寛政二年刊）より三熊花顚画
・各章カット　鍬形蕙斎画「略画式」（寛政七年刊）より

江戸という幻景◉目次

1 振り返ることの意味

江戸時代、というよりその時代に生きた人びとの話がしたい。

江戸ブームとやらが始まってすでに十年余、一向に収まりそうもないブームにそろそろ嫌気が差して、もう江戸の話は結構といいたい向きも多かろう。実をいえば、私自身その気がなきにしもあらずなのである。

昨今の江戸時代ブームは、一面では、八〇年代を席巻したポストモダニズムとエコロジズムの余波といってよかった。労働と規律を重視する近代の価値観を否定し、遊びと自由という対極的な標語を掲げたポストモダニズムにとって、江戸の多彩な遊びの文化は絶好のお手本であったし、驚異にみちた異次元宇宙として、世をあげての面白文化の追求にたえざる話題を提供し続けるかに思われた。一方、自然保護と資源のリサイクルを説くエコロジズムにとっても、江戸は絵に描いたようなお手本であった。何しろ人間の糞便やかまどの下の灰までが、貴重な資源として活用された時代なのである。河川の管理にしても、近代工学の技術力によって流水をおさえこむのではなく、流水の自然な勢いにさからわず、ある意味ではそれを生かして統御するのが、この時代の治水の知恵というものであった。

このような面白文化志向のポストモダニズムと、現代の環境破壊や資源濫費を警告するエコロジズムによる江戸時代の再評価に、それなりの意義がなかったとはいわない。いや、意義は大いにあった。私自身、そのような視角からの再評価に学ぶところがなかったといえば嘘になる。だが、私の江戸時代への関心は、昨今の江戸ブームのそれとは微妙に食い違う。先年、『逝きし世の面影』という著書を上梓したときのことだが、ある新聞記者から、汝の視点はこの頃の江戸時代再評価とどう違うのかと尋ねられ、一瞬絶句してしまった。その問いが私の意表を衝いたからである。そのときまで私は、自分の著書が一種の江戸時代再評価であるとはまったく思っていなかった。

私の著書は幕末・明治初期に日本を訪れた外国人の観察記を素材にして、古き日本を復元しようとしたもので、なるほど私はその中で、外国人が幕末の日本人、とくに農民の生活を豊かで幸せなものと感じた事実を強調し、そのような印象がけっして荒唐無稽ではないことを論証した。さらに、日本民衆が東洋的専制の下で奴隷的に屈従しているどころか、おどろくべき自由を享受しているという彼らの証言を列挙し、そのような証言が生まれる根拠についても考察を加えた。それが一種の江戸時代再評価であるのは間違いがない。それなのになぜ、私は戸惑いを覚えたのだろう。私はきっと昨今の江戸ブームに何かなじめない、というよりあきたりぬものを感じていたのだ。

私は江戸時代が今日の面白文化、お遊び文化の先覚者であるといった評価のしかたに、なるほどとは思っても、深くは心をそそられなかった。お固いことをいうつもりはないが、昨今のお遊び文化の盛行に私は何の関心ももてない。またエコロジズム的視点からする江戸時代再評価にしても、今日的な要請とあまりにストレートに結びついた発想に、一種の都合のよいつまみ食いではないのかという感を禁じえなかった。

では私は江戸時代にどういう関心を抱き、何を発見したのか。私は滅び去った前近代の人びとの存在様式を発見したのである。それはひとつの文明であって、その存在を教えてくれたのは当時の紅毛碧眼の異人たちだった。その文明にはダークサイドもあれば欠陥もあり、因習もあった。第一それは、懐かしんでも帰ることのできぬ世界であった。だが、その文明はどうしようもなく美しかった。私は江戸時代には学ぶべき点があるとか、再評価すべきものがあると言いたいのではなかった。私はただ、近代が何を滅ぼして成立したのか、その代償の大きさを思ったのである。

私自身の関心や、近年の異常ともいえるブームとは別に、歴史学の分野で江戸という時代が根本的に見直されようとしているのには、それなりの確かな理由がある。江戸時代については、これまであまりにもゆがんだ画像がおしつけられてきた。

江戸時代が封建的圧制という一種の暗黒時代として描かれ続けてきたのは、高校教科書を開けば一目瞭然である。それには様ざまな歴史的事情が複合しているけれど、要するに維新以後の日本人にとって、徳川期は一刻も早く忘れ去るべき愚かでおくれた時代なのだった。昭和の子である私は少年の日、自分が徳川時代に生まれないでよかったと本気で思っていた。むろんそういう私は、明治九年来日したドイツ人医師ベルツに、終焉したばかりの旧時代について、「いや、何もかもすっかり野蛮なものでした」と語った日本人の無邪気な末裔だったのである。

徳川期はその直前の室町後期のルネサンス的潮流を逆転した反動とさえ受けとられてきた。ライシャワーが徳川体制を「当時日本にあった創造的な動向に対する仮借なき抑圧、時代おくれの封建的政治形態への逆行」、つまり「出発時においてさえ本質的にはすでに反動的であった」体制として記述したのはその好例である。むろんそのとき彼は日本史学界の通説をなぞったにすぎなかった。

このような江戸時代像はいまや、遥かな昔話となり果てている。転換のきっかけは、アジア諸国中日本だけが近代化に成功した理由を、徳川期におけるさまざまな達成に求めたかの〝近代化論〟にあったが、今日では〝近代化論〟の一面性の反省もふまえつつ、もっと広い視野から徳川期をアーリイモダンと位置づける認識が、内外を問わず史学界の大勢となっている。徳川期を初期近代と位置づけるのはスリリングな発想である。そのような発想が描き出すであろう新たな江戸時代像に期待する点で、私はあえて人後におちるものではない。

江戸時代をアーリイモダンと位置づける見方は、何よりも、それを世界史のなかに正当に包摂しようという動機にうながされている。たとえばジョセフ・フレッチャーは『統合された歴史』と題する遺稿で、それぞれ別個の複数ではなく、単数としての初期近代の歴史はありうるかと問い、一五〇〇年から一八〇〇年に至る世界各地域における平行現象と相互関係を指摘して、一五〇〇年以前には世界には区切られた複数の歴史しかなかったが、それ以降、統合されたひとつの初期近代について語ることができると主張する。そして彼の構想する統合された初期近代のうちに、わが徳川期日本が包摂されているのはもちろんである。

徳川期日本はいうまでもなく鎖国していた。もっともこの鎖国という認識は近年史学界の議論の的となったところで、従来のイメージはいささか訂正を余儀なくされてはいるが、それにしても国際交流がいちじるしく制限されていた事実に変りはない。だとすれば徳川期日本は、いかにして統一的世界現象としてのアーリイモダン段階に包摂されたのだろうか。アーリイモダンとしての徳川期という見方を、私がスリリングな発想と呼んだのは、そういう問いを胸に抱いてのことであった。

少年の日マルクスに弟子入りしたおぼえのある私としては、そのような世界史の展開の論理は見過ごしにできぬ問題である。だがそれは純粋に理論的な関心であって、私がこのところ江戸という時代に心惹かれつづけている真の理由ではない。江戸時代がアーリイモダンであろうとなかろうと、徳川期に維新以後の日本近代と接続する流れがあろうとなかろうと、どうでもよいとはいわぬが、それは私の切実な関心の的ではない。現代（それは近代の極相にほかならない）とはまったく異質な人間と生活のありようを見いだすからこそ、私は江戸という時代の風景を前に、しばし歩みをとどめずにはおれぬのである。

江戸文学研究者の中野三敏は、昨今の江戸ブームが江戸のなかの近代に通じる部分をとり出して打ち興じる性質のものであることを指摘し、江戸に近代の芽を見つけるのがそんなに面白いことなのかと問うて、次のように書きつけている。「江戸は近代とちがうからこそおもしろいのであり、近代にはすでに失われてしまった豊穣さをもつゆえにおもしろいのである。あえていえば、それはもう二度と引き返せない、どうしても取り返しのつかない世界であるだけにおもしろいのである」

中野のいうことに私は心から共感を覚える。徳川期を初期近代とみなす視座は、徳川日本と近代日本の間に断絶のみ見いだしがちであった従来の史学に対して、両者の連続を重視する点で、たしかに新鮮な歴史叙述を可能にするだろう。だがそれは下手をすれば、徳川期を近代的価値観によって弁護しジャスティファイする、近代至上的歴史叙述になりかねない。徳川期がかつては近代的要素を欠くゆえに劣悪と判定されたのに対して、今日の論者は近代につながる要素や局面に光をあてて、いや江戸は意外に近代的なのだと弁護する。近代を基準として過去を評価しようとする姿勢において、両者は裏で密通しているのではあるまいか。

面白いかどうかは知らぬが、江戸時代の生の空間と人びとの存在様式が近代のそれとまったく異質であり、二度と引き返せない滅び去った世界であるという点で、私は中野の言述に同意する。そして、あえてつけ加えたい。江戸文明は自然に滅びたのではない。維新以降、われわれが意識して滅ぼしたのである。外国人観察者はそれが明治末年にいたって完全に滅び去ったことを確認していた。われわれは何を滅ぼしたのか。それを自覚せずに、いまやその全行程を踏破して極相に到達した近代文明を内省することはできない。江戸という時代は、近代への根本的な内省をうながさずにはおかぬ幻景として、私のまなうらでほのかに揺れている。

2 朗々たる奇人たち

江戸時代に生きた人びとについての逸話を読むと、ものの考えかたや感じかたがわれわれ現代人とまったく異なっているのに、なにか茫然としてしまう。

たとえば伴蒿蹊の『近世畸人伝』には、こういう挿話が録されている。摂津国に富豪でありながら儒学に長じ、しばしば世に陰徳を施した男がいた。この男が死んだとき、遠近から男女群れ集って泣き悲しむこと、ちょうどお釈迦様の入滅なさった時もこうだったかと思わせるほどだったが、ここに一人の無知な老婆がいて、その言うことには、「これほど学問なさってさえも善い人であったのに、もし学問なさらなかったなら、どれほど善い人であったかなあ」。

もちろん、今日の庶民のなかにも、学問をやると理屈ばかり言って、仕方のない人間になると信じている人はいる。だがそういう庶民といえども、学問自体の存在理由を否定しているのではなくて、かえって学問に劣等感めいた畏敬と羨望を抱いているのがふつうだろう。ところがこの老婆にとって、学問とはよき人になる上での妨げ以外の何ものでもなかったのだ。こうなっては学問も形なしである。死んだ男は儒学を学んだからこそ、たんなる金持ちというのでなく、持てる富を世に施すよき人になったのであるのに、そんな理屈はまったくこの老婆には通じない。彼女の眼に学問というものがいったいどういう姿で浮かんでいたかと思うと、何ともいえぬおかしみを感じる。

彼女の言葉を民衆の学問批判などと解釈すれば、文化大革命ないしポル・ポト派流の下放路線に道を開くのがおちだろう。私はそんな解釈はとらない。学問が何であるか、彼女はまったくわかっていないのである。そのわからなさの具合が、私には無限におもしろい。そんなふうに学問なんぞわからずにすむ世界が、この時代には厳然と存在していた。そのことに私はなにか目のさめるような思いを覚える。

『近世畸人伝』の正続巻から、ついでにいくつか話を拾っておこう。

紀伊国の円通という禅宗の和尚はよほど無邪気な人だったらしく、ある時京で、自分が訪ねる相手の名を忘れ、ここらあたりと見当をつけた町筋で、紀伊の円通が行くべき家はここにや、ここにやと呼ばわって歩いた。また、頼まれて跋文を書いてやったはいいが、あまりの崩し字に相手は読みえず、持参して読み様を問うたところ、「自分も読めぬ。弟子の某がわが筆をよく読むゆえ、それに読まそう」とのたもうたそうだから、万事につけこだわりというものがなかったらしい。

円通には京都に法眼和尚という親友がいた。ある日法眼、円通に問うていわく。「和尚は祇園の茶屋なるものへ行きしことありや」。答えていわく「なし」。そこで二人は茶屋探訪に出かけた。

立派な構えの一軒を見いだし、あがりこんで名をなのり、あるじは何と申さるるとあくまで四角四面である。おどろいたあるじが屋号を名乗ったところ、あたりに若い女が立ち廻るのを見て、「あるじは娘御を大勢お持ちのようだ。ここに呼びなさい」と来る。仕方なく何人か呼び集めると、つくづくと見渡して「さてさて、よう育たれた。親の身としてはさぞ嬉しかろう。これも因縁じゃによって、三帰依文を授けよう。まず合掌し、わが言うごとく唱えられよ」とて、あるじと遊女はとうとう経文を授かってしまった。

これで用はすんだとばかり席を立つのを引きとめてあるじは料理などもてなし、布施も包んだ。さればと改めてねんごろに廻向して帰った両僧は、「さても茶屋というのはおもしろく丁寧なものだ。若い僧たちが行きたがるのも無理はない」と感想を述べたという。おわかりだろうか。この二人は茶屋にあがりながら、そこが何をするところなのか、まったく気づかずに帰ったのである。その後この和尚たちはただの家でもてなしにあっても、その家のことを「茶屋、茶屋」と呼び給うたという。

『畸人伝・正続』には蒿蹊自身が断っているように、奇人といっても様ざまなタイプが広く蒐められている。円通や法眼は奇人というより、むしろかわいらしい人物なのである。江戸期の人びとはこういうかわいらしい人物に格別の好意を抱き、その世間離れした言動を賞翫したようだ。

次に引くのは『肥後先哲偉蹟』（武藤嚴男編）に収める一挿話である。文化年間、肥後に宮田壺隠という儒者がいた。村里で医業を営むかたわら私塾を開いているうちに、学名あがって藩校の訓導に抜擢されたという閲歴のもち主であるが、その抜擢のさい、藩吏が訪ねて来るたびに逃げ隠れしたというから、そもそも隠逸の気があった人である。

この人には、道往くのにほとんど歩が進まぬのを知り合いが怪しんで、近づいて調べてみたら、袴穴の片方に両足を入れて歩んでいたとか、ある日、瀬戸物屋の前で立ちどまり、並べてある火鉢の多さにおどろいていると、主人が「ご入り用なら差し上げましょう」と言うので、ただでくれるのだと思いこみ、翌日品物が届くとありがたく受けとって澄ましていたとか、とにかくかわいらしい話が多い。

だがおかしいのは次の話である。ある夜親戚の家に招かれ、雪隠へ入ったのはいいが、出て来るや主人に言った。「貴家雪隠の何ぞ広大なる。わが輩の股まさにほとんど裂けんとす」。これもおわかりだろうか。むかしの家の便所は板張りに長方形の穴が切ってある。明かりはないから夜は暗い。壺隠先生は暗闇のなかで、この家の長方形の穴の向きがわが家とは異なることに気付かず、その広い方にまたがったのである。なるほど股の裂ける思いであったろう。それにしても、常人ならただちに気付くことにあくまで気付かぬとは、何とむぞらしい人だろう。むぞらしいとは、かわいらしいの意の肥後弁である。

円通・法眼和尚や宮田壺隠のような無邪気で世事にうとい人物は、今日でも跡を絶ったわけではあるまい。だが、そういう人間をむぞらしいお人と感じる心性は、すでに跡を絶って久しいのではあるまいか。ましてや、彼らの浮世離れした言動に、俗気を払うさわやかさと、心なごむ慰めを見いだす心性に至っては。江戸はそういう心性をゆたかにはぐくむ時代だったのである。

しかし彼らはたんに、かわいらしいというだけの人物ではなかった。壺隠の弟子は「先生は畳に唾を吐かれるような人であった」と回顧している。つまりこの男には、人の思惑など屁とも思わぬ不逞なところがあったのである。城中で拝礼の儀式が終わったあと、なかなか席を立とうとしないので、「いかがなされた」と問うと、「刀を所持し居らぬゆえ、本日は知人より拝借して参ったが、つくりを忘れ申した。最後に残りしがその刀と存ずるゆえ、かく待ち受けておる次第」と答えたというのも、無邪気といえば無邪気だが、世間体とか評判とかを一切眼中に置かぬ横着さが一抹匂ってこないだろうか。

円通和尚にしても、わしの訪ねる家はどこかと呼ばわってみたり、おのれの筆跡をはてな、わしにも読めぬと首をかしげてみたり、これはやはりたんなる無邪気ではなく、おのれの思うままに振る舞ってはばからぬ精神の発露であって、それはそのまま世間様に対する横着にほかならない。江戸期の人びとはその種の横着を許容するだけでなく、進んで賞翫したようだ。その証拠に『畸人伝』には、いわば横着奇人ともいうべき人物が幾人か採録されている。

山村通庵は伊勢松坂の産。寛延四年に死すとあるから、十八世紀前半の人である。医を業としたが、禅に参じ茶道、華道にも詳しく、平曲も語った。ある日知人の葬式にゆき、位牌の前で心ゆくまで平曲を語ったあと、遺族は一顧だにせず去った。問われていわく。「死者を悲しめども、家人には一面の識なし」。

弔問に行っておいて、死んだ奴とは親しかったが、家族とは別に面識もないので、挨拶するいわれはないというのは、何たる言い草だろう。肥後では、こういう人間を称して「もっこす」という。なるほどこれは論理である。しかし論理とすれば、すこぶる非人情の論理だ。だが私は、通庵は理屈を通したのではなく、ただそのように感じて、感じたままに振る舞ったにすぎないと思う。非人情な理屈屋というのではなく、ただ正直だったのだと思う。正直というのは無邪気に通じる。しかしまた、世間のしきたりなどには一切こだわらないという横着にも通じる。江戸人はこの通庵の横着に面白味を感じたのである。

加島宗叔は岐阜の産、伴蒿蹊が幼少のころ見知っていたというから、享保年間の人である。京都で産をなしたがのちに没落し、好学好酒をもって知られた。「事に感じてはしきりに涕泣し、激論に及びては席を打ち、高声四隣をおどろかす」とあって、その直情ぶりがうかがえる。人に書を講ずるとき、わが意にかなえば朱子大明神、徂徠大菩薩などとあがめ唱え、気に入らねば、誰それめ、かかる悪説を吐きおってと罵る。思ったことを口にせずにはすまぬ人であり、その激情ぶりを人は狂人と評した。

苗村介洞は近江八幡の医師。山村通庵と同時代の人であるが、その後妻を貞信尼という。この婆さんは心に思うままを口にして、「その声四隣にひび」いたので、誰も本名を呼ばず、もっぱら妙雷さんと呼ばれたということだ。客もてなしはよかったが、相手が長居してものうくなると、「われ酔いてねぶたし。今ははや帰られよ」と露骨に催促した。宗叔にせよ貞信にせよ、あらわれかたは異なるにせよ、心に浮かんだことをそのまま口にせずには居れぬ横着さにおいて同一である。江戸人はそういう横着ぶりを愛した。なぜならそれは無邪気あるいは正直の別名だったからである。

十八世紀の初頭、大坂に一人の葉箒売りがいた。酒を好んで、つねに瓢《ふくべ》を腰につけて箒を売り歩いていたが、神社仏閣など眺めのよいところに来ると、ふところから二体の人形を取り出し、対座して酒をすすめ、自らも盃を傾けるさまは、まったく友人に対すると等しかった。ある人このさまを見て「面白い奴」と思い、わが家で飲まぬかと誘ったところ、箒売りいわく。「われ汝らを相手にしてたのしむ心かつてなし。こなたの新兵衛、太郎兵衛、わが心に随い来り、わが心に随い飲み、わが心に随い帰るなり」と言い捨てて立去ったとのことだ。さすれば、人形には名がついていたのである（森銑三『新橋の狸先生』）。

江戸時代は農民であれ町人であれ、はたまた武士であれ、それぞれおのれの属するコミュニティの濃密な空気のなかで、わきまえ、つつしみ、気くばりを片時も忘れぬように心がけねば、生きてゆくことのできぬ時代であったはずだ。権藤成卿は『自治民範』の一節で、旧久留米藩士だった老人の一挿話を伝えている。ある日老人の孫娘二人が旧藩主の祝事に招かれた。姉妹が拝領の縮緬の紋付きを着て、行って参りますと挨拶すると、老人は苦々しげににらみつけ、「不たしなみの奴どもだ」と叱った。傍らで見ていた権藤が理由をただすと、老人は「かようの場合においては、必ず召された屋敷にて衣裳を着くべきものである。これは近隣世間に対する身だしなみというもので、その身だしなみの心得は、自分の心に諮《はか》り、朋輩その他に羨まれ、世間に目立ちはせぬかという程合いを考え、これをその身に行うことである」と語ったという。むろんこれは明治になっての話であるが、この老人は藩政時代、このような心掛けで毎日を過ごしていたわけだ。

江戸人が日頃、こんな「たしなみ」ばかり気にかけて暮らしていたのだとすれば、さぞかし息の詰まったことだろうと、現代人たるわれわれは想像しがちである。ところが、こういった気くばりやたしなみは、いったん幼少時から身につけてしまえば、何ということもない習慣で、「不たしなみ」を咎められはせぬかと、四六時中戦々恐々としていなければならぬわけでもなかったようだ。江戸期の日本がコミュニティ内でしかるべき自己拘束を求める社会であったことに間違いはないとしても、その自己抑制は日常のおおらかでのびやかな息遣いを抑えつけるものではなかった。というのは、この在りし日の文明は、社会生活の和合のため各人に自己抑制を要請すると同時に、真率で飾りのない、しかも無邪気で人なつこい感情の流露を尊ぶ文明だったのである。

江戸も草創期から十七世紀末くらいまでは、相当に殺伐の気が遺っていたようだ。編者不明の『元禄世間咄風聞集』を見ると、武士の喧嘩話が多いのに呆れる。喧嘩となれば二本差しているから、血を見るに至る。とにかく武士の意地とかで、あとにはひけぬのである。たとえば松浦藩江戸屋敷で、殿の前で東国出身の士が、西国より東国の方が武勇が優ると揚言したのに、西国出身の同輩がくち惜しく思い、決闘のあげく東国者は斬り殺され、西国者は腹を切った（元禄九年）。喧嘩の種はいくらでもあって、相良藩の屋敷での藩士同士の殺傷事件は、その夜起った火事がもう消えた、いやまだ消えぬの言い争いが発端だった（元禄十年）。むろん道争いから生じた争闘も多い。赤坂御門のあたりは当日道が悪く、真中しか通れぬので、通りかかった浅野土佐守（備前三次五万石）の侍一行と紀州大納言の足軽が、足を踏んだ踏まぬの争いとなり、足軽は侍を斬り殺した（元禄十三年）。

金貸しが御徒組頭宅へ斬りこんだ話もある。金貸しは加藤江介という浪人者で、御徒組頭中野谷久兵衛に百両貸していた。これは久兵衛の組の者五十名の連判による借金で、久兵衛は代表者ということだったらしい。督促に出かけたときの久兵衛の応待が悪かったというので、根にもった江介は手下四人を連れて中野谷宅に斬りこみをかけた。金はもうどうでもよく、ただ意趣を晴らしたかったのである。しかし手下二人は斬り殺され、江介は取り押さえられてしまった（元禄十五年）。斬ったはったただけではない。五百石どりの旗本大久保半右衛門は、召使いの女二人をはだかにして雪中にさらし、二人は凍死した。親の訴えで一件露見した大久保は切腹になったが、とにかく気の荒いことである（元禄十五年）。

尾張藩士朝日重章の『鸚鵡籠中記』を見ても、殺伐の気は同様である。武士の刃傷はあい変らずだが、百姓も劣らず意地が強い。美濃国多芸郡に与右衛門という近年富裕になった百姓がいて、三男に同村から嫁を迎えたが、嫁が馬に乗って与右衛門宅に向う途中、紋右衛門、左五右衛門という二人が道をふさいで、「成り上りの家へ嫁に行く者が、わが門前を乗り打ちするとは不届き」と言いがかりをつけて、とうとう娘を下馬させた。これを知った与右衛門、ただちに娘を実家へ帰し、息子三人をふくめ同勢八人、鎖帷子《くさりかたびら》を身につけて紋右衛門宅に押しこみ、紋右衛門、左五右衛門以下六人を斬殺した。そのあと与右衛門は家へ帰って、立ちながら腹を切ったという（元禄四年）。同書には武士の従者に対する成敗の記事も少なくない。

しかし江戸時代も十八世紀後半にはいると、打って変ったように泰平の温容を示すようになる。私は江戸時代を専攻する学者でも何でもないから、どういう事情と経過によって、このような変化が生じたのか審らかにはしない。ただ、十八世紀後半を江戸時代がもっとも江戸時代らしかった時期、言い換えれば江戸文明の極盛期ととらえる中野三敏の所説（『十八世紀の江戸文芸』）に耳を傾け、さらにはまさにこの時期の文人のひとり橘南谿が天明年間の世の中を「堯舜の御代」にたとえているのを見れば、幕末西洋人が感嘆した平和で安穏な世相が、ほぼこの時期に起源するのを疑うわけにはいかない。ちなみに南谿はこう書いているのだ。「余、幼にして自ら量らず、利世済民の道に志」があったが、「四海今大平の化にうるおい堯舜の御代に譲らねば、別に経済の学を修して治国平天下の策を献ずるにも及ばず。……太平の代に憂うる所のものは唯疾病よりくるしきはなし、疾病を救うものは医なり」と思って、医術の道を選んだのだと（『東西遊記』）。彼にとって奥羽の大飢饉など、世の大平を疑う材料にはならなかったようなのだ。

従ってこの時期以降、きわめて無邪気で、まるで一生夢を見ているような奇人が輩出したのも無理はない。たとえば寛政から天保にかけて、江戸新橋で易者をしていた成田狸庵がそうである。この人はもと豊前中津藩の藩士だったが、二十代で致仕して、暮らしのために易者となったのであるが、狸を飼うことに一生の楽しみを見出し、易の方もその日の収益が百文をこえると断って、あとは狸と遊び暮らしたという。飼っている狸も一匹ではなく、一時は六、七匹にのぼったといい、それも人狸同居といった暮らしかたで、妻女もまた狸好きであった。そうなると餌も大変で、狸庵自ら投網で小魚をとったが、狸はダボハゼが好物というので、それ以外の魚が網にかかっても、皆捨てて顧りみなかった（『新橋の狸先生』）。

いったいどうしてそんなに狸が好きなのか。「天、吾をして狸を愛せしむ。吾はただ天の命ずるところに従ってこれを愛するのみ」というのが狸庵の答だったが、彼の作った今様には「静けき御代の楽しみは、市《いち》の中なるわが宿に、幾とせとなく古狸、いつか深山《みやま》を忘れけむ、われは深山の心地して、汝《なれ》よりほかに友ぞなき」とある。静けき御代といい、深山といい、汝のほかに友なしという。いくらか彼の心奥が垣間見られないでもない。「われもむかしはものののふの、数にも入りし身なれども、世にすてられしはかなさは、狸のほかに友ぞなき」とあるからには、古い心の傷が時には疼いたのだろうが、少なくとも彼の世に示した生き様は、そんな傷心などかけらも見せぬ、雲のたなびくようなのどかさだった。

土地の者はそういう狸庵を愛した。文化三年、飼っていた狸がみな病気で死に、三月には大火事で狸庵の家も焼けた。しかし人びとは狸庵の不幸を放っては置かなかった。地主が家主に話をつけて、以前より立派な貸家を作ってくれただけではない。周りの者どもも、家は建っても狸がいないでは魂が入らないというので、奉加帳を廻して金を集め狸を購ってくれた。狸易者は新橋という土地になくてはならぬ名物であったのだ。こういう世間の狂を愛する気分のなかで、狸庵はしあわせな一生を終えた。夢のごとく一生を送った彼はまた、夢そのものを愛する人だった。彼には夢日記があり、それに記されているのはことごとく狸の出てくる夢である。それには妻の見た狸の夢も記されている。夫婦そろって仲よく狸の夢を見ていたのである。

狸庵の一生には隠された悲しみも仄見えるように思うけれど、牛文庵の場合はもっと馬鹿馬鹿しく無邪気だ。この人は姓名も出身地もわからず、ただ神谷潤亭が人に語った話によってその人柄が伝わるにすぎない。「初め一小吏たり。家に数金あり、人に貸して息を収め、以て窮因を賑せり。辞職の日、悉くその券を取ってその主に返して曰く、今日世を遁る、黄白何にか用いん、もし凍餒《たい》にあわば、こいねがわくば衣食を給せよと」。そののち気随に日を送ったが、好んで牛の絵を描き、牛の鳴声を真似た。「上客と相対すといえども、意に適し輿に乗ずれば、すなわち牛鳴をなして之を驚かす」といった風である。

しかしある日、気落ちした顔で潤亭に語るには、「昨日、我則という僧と牛鳴を闘わせたが、五寸三分も敗けてしまった。自分が牛鳴で第一人者を自任していたのは君の知る通りだ。それなのに優劣はかくのごとく明らかである。何とか彼をやっつけたいものだ。何かよい法はあるまいか」。五寸三分というのは牛鳴の長さを地面に画した線でくらべたのである。潤亭は笑って答えた。「それは君が牛鳴のさい節をつけないからだ。抑揚をつけて声音を調えれば必ず勝つ」。潤亭は一節切《ひとよぎり》尺八の名手であったから、こういう知恵も出たのだろう。数日たって喜色満面で現われた牛文庵の言うには、「君のいう通りやったら、一尺余りも勝ったよ」。この話を伝えた潤亭もかつて中津藩士だった者で、また一個の奇人だった（『新橋の狸先生』）。

横井金谷は『金谷上人御一代記』と称されてきた自伝によって知られる奇僧である。宝暦十年（あるいは十一年）に生まれ、天保三年に没した。横紙破りというか、とにかく精力あり余って、脱線につぐ脱線の一生を送ったようでいて、その割にはちゃんと一生のつじつまも合ったという、面白いといえば面白い、面白からぬといえば面白からぬ坊主だ。私は金谷の人物より、金谷のような野放図な男を許容した当時の世間の寛闊さの方に心ひかれる。

金谷の生れたのは近江国栗太郡下笠の浄土宗寺院宗栄寺で（『東洋文庫』版の注記による。『日本人の自伝』版の年譜には父は工人とある。）、幼名を早松というが、二歳のとき乳母が雪隠へ取り落としたので、糞松と異名がついたと自ら語る。九歳で母の弟が住持を勤める大坂の宗金寺へ修行に出されたが、とにかくじっとはしていない子どもで、木魚に小便をたれ込んだり、花瓶に糞を仕込んだり、悪戯が絶えない。それはまだしも、十一歳になると伏見屋という檀家の娘と結縁《けちえん》に及んだ。叔父たる住持はさすがに折檻を加えたが、それが気に喰わず江戸をめざして家出する始末。しかしそこはまだ子どもで、奈良から草津と歩き廻った末、知りあいにつかまって宗金寺へ送り返された。住持は少年を見るとよろこび溢れ、年端のゆかぬ身でよくも草津まで行ったな、路銀はどうしたと、まるで立派なことをやり遂げたといわんばかりで、叱ることは全く忘れている。

それからは心を入れ替えて学業・勤行に勤めたけれど、持って生れた性はどうにもしがたく、やがて名物虎屋の饅頭を金一歩も買って縁の下で平らげるなど持病が再発、ついには炬燵に入っている住持の姉にとんでもないことを仕出かした。消えかかった炬燵の火を火吹竹で吹き起していると、老尼の前をはだけた女陰が目についたので、悪戯心がむらむらと起り、熱い灰をひとすくいそこへほうりこんだ。阿鼻叫喚の末、住持から撲られて凸凹頭になった少年は、今度こそ十分金子も用意して再度家出した。時に十四歳である。

要するに精力があり余っている上に、生れつき不敵この上ない性分であるから、それがとめどもない悪戯となって発現したのだが、もしこの性分が正しく活用されるなら、めざましい結果を生むだろうことは容易に想像できる。事実、金谷の一生はそうなって行くのだが、私がこの際注意しておきたいのは、当時の世間がこういう悪童を寄ってたかっておさえつけたり、垣根を作って隔離したりはしなかったということだ。これには、幕末来日した外国人が注目した、子どもに対する当時の人々の愛護の念の深さにも関係があるのかも知れない。あるいは少々のいたずらや悪ふざけは、その面白さに免じて許容した当時の人心を思いやるべきか。金谷少年は江戸に出て、無事増上寺の所化《しょけ》（修行僧）になりおうせたのだが、実は大坂の叔父から、これこれの少年が訪ねて行くだろうから、その節はよろしくという書状が先に着いていたのだ。叔父はちゃんとこの少年を許していたのである。

金谷は学才のみならず弁舌にも恵まれたので、増上寺でたちまち頭角を現わした。真面目にやれば人の鑑にもなれる男だったのである。しかしそのうちまたもや持病が表われた。女というものがつくづく面白くなったのだ。毎晩品川や深川へ出かけていたが、そのうち寺を訪ねて来た勧進比丘尼を白昼押し倒した。ついに寺は追放、それから放浪の生活が始まる。何やかやの末、一時は京都の寺の住持になったが、寺をほったらかして遊び歩き、住持をしくじったあげく、またもや放浪の旅に出た。旅の先々、様々な武勇伝、功名談があったのはいうまでもない。

私はここで金谷の一生をたどろうというのではない。世間の思惑など一切無視し自分の欲することをやりとげて、それが羽目をはずした奇行となり乱行となった面白さは無類と言ってよいが、その面白さをいま語ろうというのでもない。私はただ江戸という時代に、ここまで自分の思う通りに振舞った男がいたという事実に或る感銘を受ける。金谷は奇人というより、あるいは山師に近かったかも知れない。だが、ありあまる精力の向うところへ猪突しないではいられない金谷は、俗は俗でありながら、正直あるいは天真爛漫という点で、同時代の浮世をつき抜けた飄々たる奇人たちと一脈通じるところがある。増上寺時代、品川や深川に通っても、相手はただ女であればよく、女そのものが面白かった。虚無僧になってみたり、楊弓や凧揚げに凝ったり、船遊びのあげく船頭はだしの腕前になったりしたのも、何かやり始めるとそれがたまらなく面白かったのである。少年の頃悪戯というものがただ面白かったのとおなじである。それゆえ、彼はまわりの者を呆れさせるとともに楽しませる人であった。彼は無頼にも堕ちなかったし、一生を破滅させもしなかった。一生を通じて彼は人気者だったのである。要するに彼は世を賑わせたのであって、江戸とはそういう人物をけっしておろそかにはしない時代だった。

3 真情と情愛

　これはすでに『逝きし世の面影』の中に詳しく書いたことだが、幕末から明治初期に来日した欧米人は、当時の人びとの陽気さ、無邪気さ、人なつこさ、こだわりのなさに深い印象を受けた。礼儀正しさと親切はもちろん感動的だったが、社会全体にみなぎる親和感と、それに何よりも人びとの心の垣根が低いことに彼らは魅せられたのである。

　ケーベルは明治二十六年に来日、東大で哲学を講じて大正十二年に日本で死んだ人である。「日本人のナイーヴなそして子供らしい性質」を愛した彼は、大正七年に次のように述べた。「日本はいよいよますます、その清新な本原的なところと、子供らしさと、一種愛すべき『野性』――その残余は私の渡来当時にはまだ認めることができた、そしてそれは私にとってはきわめて好ましい性質であったが――とを失いつつある」。ケーベルは何を指して子どもらしさとか「野性」とか呼んだのだろうか。彼が社交的な虚飾や気どり、知的なもったいぶりや虚勢、近代人ぶった神経症的なデカダンという、新種の日本人の特徴を嫌悪したところからすれば、その答えは明らかだろう。率直真率に感情を流露させるかつての日本人の純真を、彼が

「野性」と呼んだのであることは疑いがない。

森銑三の『おらんだ正月』には、「江戸時代の科学者達」五十二名の小伝が録されているが、一読して湧いてやまぬのは、昔の学者先生は何と子どものように純真率直であったことかという感想である。

松岡恕庵は京都の本草学者で、稲生若水の門に学んだ。平生の質素な暮らしぶりは数々の逸話になったほどなのに、書籍には惜しみなく金を散じ、弟子たちにも自由に利用させた。かねてケマンという花草のことを知りたいと思っていたが、東福寺に蔵された漢籍にその花を詠じた詩のあることを知るやたいそう喜び、「これは稲生先生もご存知なかった。お知らせせねば」とて若水の墓に詣で、その詩を三度まで高らかに読みあげた。恕庵は何も師弟間の礼に縛られてそうしたのではない。自分が先生の学恩を忘れぬ感心な人間だということを、人に示そうとしたのでもない。衷心そうせずにはおれなかったので、そうしただけである。在るのはただ、てらいも屈折もない醇乎たる真情だった。

戸田旭山は恕庵の弟子で、大坂で医業を営むかたわら本草学者としても知られた。大坂で按摩をしていた自分を見いだし、わが子のように世話して一人前の医者にしてくれた商人夫婦のことを忘れず、彼らに仕えること「幼子がふた親を慕うようで、端の見る目も羨しいほど」だったと森銑三は書いている。むろんこれは報恩であり、報恩は当時の社会的義務である。だが旭山は義務にかられたのでもなければ、義務を果たす自分を世間に見てもらいたかったのでもない。在るのはただ、恩人夫妻への赤児のごとき慕情だった。

この人は蒿蹊の『畸人伝』に録されているくらいだから、いろいろと変った行いが多かった。患者を往診するに、その家に駕籠が着いたとき、息子が出て来て挨拶しないと、そのまま駕籠を返した。親の病気で来てやっているのに、不届きな息子めというわけである。よく怒る人で、大病から救ってやったのに謝礼が少ないというので、「先に苦しんでいた時はひれ伏して頼んだのに、いったい誰のおかげで助かったのか。こればかりの金で命が買えるか」と叱りつける。恐れ入って包み直すと、あらためた上「わしはむやみにむさぼるのではない」と、多すぎる分は返した。また、患者が死んだ場合は、けっして謝礼を受けとらなかった。

旭山はもともと備前池田家の士である。祖父は番頭で千五百石、しかし「方正を以て容れられず」、父は五百石にまで削られて物頭、旭山の代になって家を弟にゆずり、自分は医業を志した。それからの苦難困窮は、大坂で乞食の頭の家に投じて、毎晩按摩をしていたというのでわかる。至って小男だったが、「音声は雷霆の轟くがごとく、義を見ては涙を流して感じ、不義なるを聞いては狂える獅子のごと」くだった。怒ったのちは、日本晴のようにあとをとどめなかった（森銑三『新橋の狸先生』）。すべては朗々たる直情の所為だったのである。

後藤艮山《こんざん》は「古方医学を唱えて、それまでの医術を革新した」十七世紀後半の大医であり、孝心の篤いことでも知られた。もともと江戸の人であるが、七回も火事で焼け出されたことから艮山の父が江戸にいや気がさし、父の発意で艮山二十七歳のとき京都へ移住した。艮山の名声が上がったのち、幕府は千石の禄で江戸へ招こうとしたが、「江戸は父の嫌った土地である」と言って受けなかった。父に逝かれた時、三年の喪に服したのは儒礼の訓えるとおりで、別に何ということもない。だが、「悲しさのあまり一時は気が遠くなり、しばらくしてから蘇りましたものの、三日の間は食も通らなかった」とあるのを見れば、艮山の「孝心」は道徳ではなく、ただひたぶるに流露する真情だったのである。

『畸人伝』によれば、近江国のある貧農は親孝行によって藩主から表彰されたとき、ただ年老いた人なので心に逆らわぬようにしただけなのにと不思議がったという。いまだ孝というものの仕方を知らずとあるからには、この男もただただおのれの真情に従ったにすぎなかった。

橘南谿は天明二年から八年にかけて諸国を巡歴した旅行家であるが、旅先で五日十日と逗留して、その地で親しんだ人びとと別れるとき、「故郷に生れ出るより相親しみて命の限り相見る人」との別れよりもいっそう惜別の情にかられた。越後糸魚川を立ち去るときのこと。そこで知り合ったばかりの五、六人の友が見送ってくれたが、なかなか別れがたくて一里もついて来たところに小さな酒屋があった。ちょうど三月半ばのこと、さしもの北国も梅桃が咲きほこり、鶯の声もはなやかである。店のうしろの砂浜で酒を汲み、直江津から来合せたという妓女も一座に加えて歓を尽した。海の彼方に雲のように浮かぶのは佐渡である。今夜はここで泊ろうという誘いを振り切って、ひとり月夜の路をたどれば、「別れの俤、空に残」って歩みもはかどらなかったと南谿は記している。

越前の国栗田郡の寺に滞在したときは、近所の医生六、七人が来ていろいろと医術について問うので、逗留が二十日ばかりになってしまった。南谿は京の医師であるから、先生扱いされたのである。新春も近いのでここで越年せよとすすめられたが、先を急ぐ身でそうもいかない。しかし、あまりに心をこめて仕えてくれるので断わりもしにくく、近所に用があるふりをして「ひそかに栗田郡を忍び出、新庄という所まで走り逃れて宿」をとった。あとには従者の医生を残しておいたのである。その夜従者から事情を聞いた人びとはにわかに集まって相談し、翌朝五人が早立ちして新庄で南谿をつかまえた。南谿は「驚きかつ迷惑」に感じたが、その志と深切に深く礼をのべて、何とかひきとってもらった。しかし二人はどうしても帰らない。一人は農夫で福井までついて来た。その間「昼夜途中までも他の雑談をなさず、ただひたすら物問うのみ」である。この機をおいて京の先生から物を学ぶ折はないと見極めたのである。もう一人は医師で、自分の医業が繁昌しているのに、患者を友人の医師にあずけてあとを追ったもので、福井から三国、加賀の大聖寺を経て山中の温泉までついて来た。南谿と従者の荷物もかついで、「日夜ただ医事のみを問う」ありさま。その熱心さに感じて、南谿は温泉宿でいくつかの秘事を教えて彼を帰した。

むろんこれは情愛の深さというばかりではなく、当時における知識というものの貴重さ、その貴重なものを求めるに当っての人ひとの真摯さを語る挿話であるだろう。だがいずれにせよ底に流れるのは、当時の人びとの熱くて真直な心のありようである。

南谿が備後国を通った時のことだ。道連れになった老人が南谿を京の医師と知って、「親しい家の女房がもう二年も難病を患らっている。どうか診ていただけないだろうか」と懇請するので、「いとやすきこと」とうけがったのはいいが、その家というのがとんだ山の中。従僕が「程も知れぬいたずら事」と腹を立てるほどの難路だった。しかし来た甲斐あって、南谿の治療は効を奏し、女はかなり快方に向かった。今後の薬方などくわしく書き残してその家を去り、その後二年を経て京都に帰った。

するとある日、六条の宿屋が訪ねて来て、「以前九州へおもむき給いし御医者はこなたなりや」と問う。備後の六兵衛という百姓がのぼり来たって、「下に市の字の付きたる御医者をご存知ないか。何とぞ尋ね求めてもらいたい。高恩を受けたので、御礼のために出て来たのだが、うっかりお名前を聞かず、ただ荷物の下げ札に市の字を見たのを覚えている」というので、こうして探している。見ればお宅の表札には「市」の字があるのでお尋ねするのだという次第。南谿の通り名は東市というのである。翌日六兵衛が来て、あのあと、妻のさしもの難病も平癒し、村では弘法大師がいらっしゃったのだと大評判、とにかく御礼申さずには気がすまずこうして出て参りました。もしお逢い出来ぬときは東寺へ行って大師様にお礼申すつもりでありましたと言う。真実面《おもて》に表われて、南谿は医師冥利を感じた。

本居宣長の養子大平は天明元年、湯治のために有馬温泉へ赴いた。二十日余りの滞在だったが、その旅日記を読むと、泊り客同士のつきあいが実にこまやかであるのにおどろく（『有馬日記』）。同宿の客に好奇心を抱き、自分から進んで交わりを求め、贈りものをし合い、奇談を交換する。こういう風習は実は明治の頃まで続いたようで、岡本綺堂によれば、温泉で自分の部屋がきまると、両隣の客に挨拶に出向くのが作法で、そもそも一日、二日で帰る客などいなかったから、「浴客同士のあいだに一種の親しみを生じて、風呂場で出逢っても、廊下で出逢っても、互いに打解けて挨拶をする。病人などに対して容体をきく。要するに、一つ宿に滞在する客はみな友達であるという風で、なんとなく安らかな心持で昼夜を送ることが出来た」。今はそういう気分は求められないと、大正の頃綺堂は嘆いている（『江戸の思い出』）。

　綺堂は「温泉場で懇意になったのが縁となって、帰京の後も交際」が続く例があると言うが、それも江戸時代からの習わしだった。本居大平は有馬に宿をとった翌日、隣室の六十あまりの翁を訪うた。二十五、六の女、五つばかりの子どもがいて、大坂の人だという。「今参りの旅人、かずまえ（仲間に入れ）給え。しかるべきことどもは教えなんどもし給え」と挨拶すると、「さは遠き所より、よくこそ物し給いたれ。すべてここにはわずらう所なき人の来べきよし侍らねば、来集う人はみな病者のかぎりになんあれば、かたみに礼敬《かしこまり》なんどもおかで打ちとけ、心やすく遊ばむなむ、本意には侍る」と言葉が返る。この老人の一行とは親しくつき合ったが、彼らは大平より早く大坂へ帰った。大平は伊勢への帰り路大坂に寄り、このさいいかや小兵衛という老翁の家を尋ねた。ところは立売堀である。小兵衛「よろこびたることいわんかたな」く、

「今日は訪ねて下さるか、それとも明日かと、指を折って日を数えておりましたよ。ずっとお待ちしておりましたので嬉しくて」と、あたかも故郷の人に逢うようである。明日は大坂を発ちますと言えば、「今さらにいみじう別れを惜しみて、一夜とどめても語らまほしげ」な様子だった。

平戸藩主松浦静山は寛政十二年十月、平戸を出て参府の旅にのぼった。在国中静山は病に臥したため、参覲の期がおくれたのである。佐世保まで来ると、道傍に男が二人ひざまづいている。見ると新次郎、源四郎といって、年毎の参覲の際傭う江戸の籠かきである。別に知らせてやってもいないのにどうやって来たのかと訊ねると、九月の半ば頃殿が出府されると噂を聞き、十七日に藩邸を尋ねて平戸出発の日どりを知り、「さらばいそぎ御国にいたり従い申さんと、その明日に江戸を打ち立ち、夜を日に継ぎてはせ下りし」とのことだった。静山は思った。二十七日の間に四百里の道をやって来たのだ。これは金のためではない。彼らの傭い賃はきまっていて、たいした額でもない。毎年のことだから、これは彼らも知っていることだ。またわざわざここまで来ずとも、江戸ではいくらでも傭い主はいるはず。「しかるに遼遠の路を志し来ぬるは、年頃の恩義によりてかくありけん」。静山は「恩義」というが、むろんこれが新次郎、源四郎の静山に対する情愛の流露だったのはいうまでもない（『甲子夜話続篇・巻八十』）。

幕末の能吏で、ふつうプーチャーチン艦隊の応接に当ったことで知られる川路聖謨《としあきら》は、弘化三年から嘉永四年まで五年余り奈良奉行を勤めて名奉行と称された。大坂町奉行に転じたときには地元の人びとから別れを惜しまれ、とくに聖謨の仕置で困窮を救われた町人数百人が一里から三里ばかりも、老人、子どもを連れて見送った。こんなことはそれまでの奈良奉行にはなかったというから、よほど地元と親しんだのである。

　その聖謨が二年のちに、ロシア使節の応待を命ぜられて長崎へ向う途中、草津宿に至ると奈良の長吏どもが出迎えていた。長吏というのは被差別民の長で、奉行所の下で警察業務を取り扱う。聖謨は武具に関心が深かったので、奈良時代、馬の鞍など革製武具を被差別民に相談しながら試作させていたのである。瀬田の大橋には奈良の医師や百姓が待ちかまえていた。聖謨は籠に乗るのが嫌いでこのときも歩行していたから、彼らが道路に平伏しているのと行き逢ったのである。「泣々に、御機嫌よう〳〵という故に、予もまたあわれになりたり」と彼は日記に記す。「なら人みな頻りに泣く故に」、家来どもも哀れがった。奈良で親しく交わった宝蔵院流の槍術家や、ひいきにしていた按摩なども大津で待っていたが、聖謨一行の到着が予定より遅れたので、奈良へ引き取ったという。土佐都《とさのと》というその按摩は「わが遣《つか》わし候金子《きんす》にて、官衣を着するようになりたり。右を見せたしとて持ち来たるに、……力おとして奈良へ帰」ったとのことだった。

　奈良びとたちは、聖謨の長崎からの帰りにも、一日会わんと出て来た。摂津の一の谷まで出迎えたのはまたもや奈良の長吏。法隆寺地中普門院主律師妙海、これは奈良での歌の友である。奉行所出入りの百姓や町人もいて、奈良縮を手土産に差し出す。聖謨は例によって日記に記す。

「聖徳太子へ祈り候由、或いは神功皇后の陵へしばしばいのりたるよしなど、いずれも深切に申す。……奈良より二十里も、我に逢いたきばかりに入用をかけて、さる七日以来逗留して、当てもなきに待ちいたるなり」。この日は二月十一日なので、奈良びとは五日間も聖謨を待っていたのだ。

その中には奈良奉行所筆頭与力羽田健左衛門もいた。「いたって貞実にて、出精なる人」と聖謨も認めていた人物で、奈良奉行時代、「青丹よしならを治むるつるぎたちわが身にそえて力にぞ思う」という歌をそえて、直胤作の刀を与えたこともあった。健左衛門は翌日大坂の旅宿に顔を出したが、「一言も語らず、ただ御なごりはとても尽きずと申して平伏したるばかり」であったという（『長崎日記』）。

江戸時代の人びとが、ことに触れて赤児のような純真きわまりない感情を流露する人びとであったことには、数々の証拠がある。明治中期まで残っていた日本人の特徴として、子どもらしい野性を挙げたとき、ケーベルはそのような巧まぬ自然な感情の流露を念頭においたものと思われる。現代人にとって孝行なる徳目はもちろんのこと、純真な感情などというしろものは、気羞しさを通りこして、嘲笑を喚びおこすていのものでしかあるまい。知的であるとは何よりもまず、そのような批評的、あえていえばシニカルな態度を身につけることなのだ。しかし森銑三が録しているような江戸人の親や恩人や師に対する情愛には、現代において知的であることのいやらしさせせこましさを、おのずと反省せしめるような何ものかがある。

　そうした江戸人の情愛の深さは、昭和という後世になっても、僻地や底辺の庶民の心情のうちにその残照をとどめていた。私がかつて九州地方の同人誌評を『西日本新聞』で担当していた頃出合って忘れられぬ小説に、江守善三氏の『バナナ園』というのがあった。主人公は青年教師として南島に赴任し、ひとり暮らしをしている老婆の家に寄宿するのだが、この老婆は主人公の郷里の家の飼い猫について、「コブはこの頃、ねずみを獲っておるもんじゃろうかな」と、まるで自分の知り合いのように噂をする。むろん彼女はこの猫を一目も見たことはないのである。「ああ、人に信頼されること、信愛されること、これは何と幸福で愉快なことだろう。二十幾年か昔、ぼくは南の小さな島で生活していた間、いつも『婆さん』と親しみをこめて呼んでいた岸井カナさんから受けたほどの信頼と親愛を、未だかつて受けたことがない」。小説の書き出しとしては大時代すぎるこの一節も、読み進んで老婆のたぐいまれな情愛の深さに触れると、さてこそと納得される。江戸はこういう情愛がごくふつうに流れ出る時代だった。

　小説『バナナ園』の老婆は自分が見たこともない他人の家の猫を、まるで親しい知己のように懐かしんだのであるが、江戸期の人びとは生きものというものに対して、われわれとは異なる親愛の情を抱いていたようだ。

　天明・寛政の頃、ある僧が江戸からの帰り木曾山中で馬に乗った。道のけわしい所に来ると、馬子は馬の背の荷に肩を入れ、「親方、危ない」と言って助ける。あまりに度々なので僧がその故を問うと、馬子は「おのれら親子四人、この馬に助けられて露の命を支えそうらえば、馬とは思わず、親方と思いていたわるなり」と答えた。この馬子は清水の湧く所まで来ると、僧に十念を授け給えと言い、僧が快諾すると、自分は手水《ちょうず》を使い、馬にも口をすすがせて、馬のあごの下に座ってともに十念を受けた。十念とは南無阿弥陀仏の名号を十遍唱えることをいうのであるが、この男は僧を乗せる時はいつも賃銀は心まかせにして、その代わりに僧から十念を受けて、自分ら家族と馬とが仏と結縁《けちえん》するよすがとするのだということであった。

なるほどこれは格別に奇特な男であって、それゆえに『畸人伝』に録されもしたのだろう。しかし、この男の信心にべつに感心しない現代人たるわれわれも、馬とともに十念を受けるという行為にはなにか溜息のようなものが出る。江戸期の日本人はこの男に限らず、馬を家族の一員とみなしていたようだ。明治十一年に馬を乗り継いで東北地方を縦断したイザベラ・バードは、難所にかかると馬子が馬に励ましの言葉をかけ通しなのに気づいていた。そしてこういう情愛は馬のみならず、牛・鶏から犬・猫のたぐいに至るまで及ぼされたのである。

どうも感心な人間ばかり出てきて、気色が悪いという人があるといけないから、ここいらで幕末の名うての不良御家人、勝小吉にご登場願おう。いわずと知れた海舟勝麟太郎の父親である。

勝小吉は御家人といっても、二代前は庶人である。越後国の盲人が江戸へ出て、金貸しをして産をなし、末子の平蔵が金の力で旗本男谷の家を継いだ。小吉はその三男で、御家人勝家の養子となった。勝家は四十一石ばかりの小禄である。

小吉は晩年『夢酔独言』と題して、無頼の半生の回顧録をものした。坂口安吾はこの自伝を貫通するものを、「『いつでも死ねる』という確乎不抜、大胆不敵な魂」と呼び、その「悠々たる不良ぶり」に「最上の芸術家の筆を以てようやく達しうる精神の高さ個性の深さ」を見いだしている。安吾の小吉像は、彼の近代人的な眼鏡が作り出した虚像であって、彼の評価はことごとく買いかぶりといっていい。小吉の半生記と、おなじく彼の手になる『平子龍先生遺事』をつぶさに読めば、小吉が安吾好みの自由人的不良、虚無を見据えつつ世間の秩序を超越する無頼などではなく、まわりの事情が気に入らないので、すねて暴れ回っただけであり、当時の処世哲学に深く浸潤された俗人にすぎなかったことは明白である。

もちろんこの男は胆力がある上に、機略もあれば突き抜けた気分もあって、世が世なら一国一城の主となったかもしれない。世が世でないから、徳川家直臣の体面をけがすというので押しこめや謹慎の処分にあったが、その代わり、不良御家人や遊民を周りに集めて本所・下谷の顔役となった。いわば本所の鉠つぁんが火盗改方長谷川平蔵になりそこねて、一生鉠つぁんで通したようなもので、本心は平蔵のようにお役につくことにあり、それが叶わぬので、自分が子分どもからおそれられかつ慕われたのを生涯自慢にした。だからといって、この男の半生記がつまらぬということはない。安吾のように近代無頼派の先祖として読むより、江戸人の俗っぽい一典型として読んだ方がこの半生記ははるかに面白い。いつでも死ねるなどというのは、江戸期の日本人ならみな持っていた覚悟にすぎなかった。

『夢酔独言』で一番面白いのは、小吉十四歳のときの家出一件である。この一件は『平子龍先生遺事』でも語られていて、ことの順序や細部にはかなり食い違いがあるが、それにはこの際こだわらない。

小吉が婿養子として入った勝家は、当主夫妻はすでに亡く、祖母と孫娘がいるばかりで、男谷家ではこの一家を自宅に引きとり、小吉とともに住ませたのだが、この祖母というのが小吉によれば根性曲がりで、食物のことから何から意地悪をした。もっとも小吉も、表に出ては町人の子らと喧嘩ばかりしている悪童ではあったが、とにかくこの祖母の意地悪と、実父平蔵の説教にいや気がさし、十四の歳、家から八両ばかりの金をくすねて出奔した。上方へ行って身を立てるつもりだったのである。文化十二年のことであった。

小吉の家出話は当時の社会の実情について、歴史家があまり教えてくれぬことを教えてくれる。彼はむろん通行手形を持っていなかったのに、箱根の関所は難なく越えている。というのは、道中いっしょになった町人が教えてくれた通り、二百文出して宿で手形を買ったのである。当時はそれで立派に通用したらしい。小吉はのちに二十一歳の時にも家を出奔し、やはり上方をめざしたが、この時も手形なしで箱根にかかり、「稽古先からふと思いついて剣術修行に出た」と言い訳したら、以後気をつけるようにと言われただけで、言い訳が通ってしまった。江戸時代は建前と実際がいちじるしく乖離していたのが特徴ではあるけれど、これが関所の実態だったとはおどろく。

また旅の途中で乞食になってしまい、たどりついた伊勢国で街道から村方へはいろうとしたら、乞食は村に立ち入るべからずとて番人から棒でなぐられた。幕末来日した外国人は町や村で乞食をほとんど見かけなかったが、その裏にはこういった禁制があったことがわかる。

しかし、小吉の家出話で一番興味深いのは、十四の少年がどうやって伊勢まで旅をし、またどうやってそこから江戸へ引き返したかということだ。

彼に手形について知恵をつけた二人連れというのは実は道中師で、小吉は浜松の宿で、金から刀、着物に至るまで合財彼らに持って行かれた。小吉は途方に暮れて泣いたというから、まだ子どもだ。すると亭主が柄杓を一本くれて、これを持ってご城下と村方を廻れというので、言われた通りにしたら、一日で米麦が五升ほど、銭が百二、三十文溜った。柄杓一本というのはお伊勢参りのいでたちである。宿屋の亭主はこの無一文の少年がこの先旅を続けるには、お伊勢参りのなりをするしかないと見定めたのである。

江戸時代には、おかげまいりと称する数百万規模の集団参詣の波が宝永、明和、文政と三回生じているが、お伊勢参り自体は例年のことで、参詣者は幕末には年間四十万人にのぼったといわれる。なかには抜けまいりと称して、主人、家長の許可を受けず手形も持たずに、出奔同様に参詣の旅に出る者があり、これには下男、小者、子どもが多かった。抜けまいりは中世後期に起源をもつ習俗で（瀬田勝哉『下人の社寺参詣』）、巡礼姿となった従者・奉公人は神仏と結縁《けちえん》した聖界の人と認められ、主従等の俗界の縁によって拘束されぬ存在となった（勝俣鎮夫『説教「さんせう太夫」の構造』）。江戸期になると抜けまいりはお伊勢参りのつきものとなり、熱狂の波に乗って子どもも家をとび出し、悲惨な結末に至る場合さえあった。藤谷俊雄は明和のおかげまいりの際、阿波の参宮者だけが柄杓を持ち、文政のおかげまいりに至って阿波の風俗が一般化したというが（『「おかげまいり」と「ええじゃないか」』）、小吉の例を見ると、文化年間から柄杓はすでに参詣者の象徴となっていたことがわかる。

抜けまいりは家長や主人に断らず、ろくろく旅の用意もなくて出奔するのであるから、金はほとんど持たぬ。道中は喜捨に頼るのである。巡礼に快く銭や食物を与える習慣が当時の人びとにあったのはもちろんであるが、とくにおかげまいりの際は、沿道の商家や大名家が大がかりな施行を行った。小吉が柄杓一本持って浜松の城下と村方を廻り、一日であれだけの銭と米麦を集められたのは、そういう社会的背景があったからだ。しかし抜けまいりの生態は、乞食とほとんど変わらない。抜けまいりの扮装でお伊勢をめざした少年は、こののちほんとうの乞食の境涯に落ちてしまう。

小吉は妾腹とはいえお旗本の子弟なのである。お殿様の子が抜けまいりになったり乞食になったり、そんな激しい境涯の変化によくもたえられたものだという気がしないでもないが、この少年は実はお屋敷の中に坊ちゃん然と囲いこまれていたのではなく、日頃屋敷の前町の町人たちの子と遊んだり喧嘩したりして、ほとんど町の子同然の暮らしかたをしていたのだ。江戸後期の武家と町人の関係は意外に対等かつ相互浸透的で、とくに貧乏御家人ともなれば、侍だか町人だかわからぬような連中も多かったのである。

小吉はお伊勢まで行くことは行った。江戸品川宿の商家の者といつわって。御師《おし》の宿に泊まり、饗応を受け金も無心した。御師とは神宮の暦や御札のいわば出張販売人で、一定の地域を縄張りにして巡回・集金し、その地域の住民が伊勢に参詣すると、おのれの宿に泊めて歓待する。小吉はべつにお伊勢参りがしたくて家出したわけではなく、最初は上方へ行くつもりだったのに、そのうち乞食しながら東海道を上ったり下ったり、ぶらぶら日を過ごし始めた。ひとつは体をひどくこわしてしまったせいかもしれない。生米ばかりたべて腹をこわしたり、野宿して風邪をひいたのか高熱を発したり、崖から落ちて気絶したりで、あとはほとんど半病人だった。家出したのが五月、家へ帰ったのは閏《うるう》八月である。

私が小吉少年の家出話から鮮烈な印象を受けるのは、道中実に多くの人がこの放浪児に声を掛けている点だ。小吉は愛嬌のある少年だったのだろうが、それにしてもよく人の情けにあずかっている。ある夜地蔵堂に寝ていると男から起こされたが、伊勢参りとわかってばくち場へ連れてゆかれた。ばくち場では飯と酒を振る舞われ、お伊勢様へのお初穂とてめいめい出し合ってくれた金が九百文。「早く地蔵様へ行って寝ろ」といわれて、礼を言って小屋を出ると、一人が呼びとめて大きなおむすびを三つくれた。嬉しくって、その夜は地蔵にさい銭をあげて寝たとある。

白子の松原というところで病んで、何日も水ばかり飲んで松林の中に寝ていると、近くの寺の坊主が見つけて毎日麦粥を届けてくれた。こもも二枚くれた。下に一枚敷き、一枚はかぶれというのである。三日ばかりして寺に礼を言いにゆくと、古い笠とわらじ、それに銭を百文くれた。

府中の町に入ったときは二本杖をついていたが、女郎屋にあがっていた客が見咎めて「手前は小僧のくせに、なぜ二本杖で歩く。わずらったか」と聞く。「さようでございます」と答えると、「そうであろう。よく死ななかった。どれ飯をやろう」とて、飯や肴を竹皮に包ませ、三百文の銭をつけてくれた。地面に手をついて礼を述べると、お前は侍の子だろうと言いつつ、緋縮緬の袖口のゆかたと、紺縮緬のふんどしをくれ、おまけに「今夜は木賃宿に泊まって、畳の上に寝るがいい」と言葉を添えた。この時代の人の情愛は、なべてこのようだったのである。

石部の宿のはずれの茶屋の脇に寝ていたら、秋月藩の長持を二棹かついだ人足たちが茶屋で休みをとった。その中の親方が酒を飲んでいるうちに小吉に気づいて声をかけた。「手前はわずらったな。どこへ行く」。つまり当時の人間は旅先で病人を見かけると、決してそのままにはしておかなかったのである。この人足親方は小吉の身の上を聞くと、上方へは行くな、それより江戸に連れて帰ってやろうとて、髪結所で髪さかやきをさせ、ゆかたに着替えさせて駕籠に乗せてくれた。しかしこの親方は途中の宿でばくちのことから喧嘩をしでかし、国許へ引き返してしまったので、小吉はまたひとり旅になった。

　箱根の山中で寝ていると、あけ方通りかかった飛脚が「手前、ゆうべはここに寝たか」と聞く。「あい」と返事したら、「よく狼に食われなんだ。こんどから山では寝るな」と言って百文くれた。それから山を下りて茶屋の脇に寝ていると、今度は五、六人人足が来て「小僧や、なぜ寝ている」とたずねる。「腹がへったので寝ている」と言うと、飯を一杯おごってくれた。

当時の人びとは、道中で事情のありそうな者を見かけると、このようにきまって声をかけたのである。そうせずにはおれぬ情愛の深さがこの人びとにはあった。中には、小吉をわが家まで連れて帰る者もいた。

　小田原のはずれで漁師から誘われたのは善意というわけではない。男は奉公人がほしかったので、小吉はその家で十四、五日の間、毎日漁に出された。それでもこの親父はやさしい人柄で、時々菓子は買ってくれるし、わが子のように扱ってくれた。そして「ここの子になれ」と言うが、そんな訳にもゆかない。結局小吉は金をくすねて脱走し、四カ月ぶりに家へ帰ったのである。

　だが府中の町で、小吉をひろってわが家へ連れて帰った武士は、まったくの情愛からそうしたのであるようだ。府中の馬場で侍たちが馬に乗っているのを見ると、いかにも下手なので小吉は思わず笑った。この少年は十歳の時から馬の稽古をして、乗馬は達者なのである。すると小者たちが怒って、「乞食め、何がおかしい」と寄ってたかって撲った。「下手だから下手だと言ったが悪いか」と大声をあげているうちに、四十ばかりの侍が近づいて来て事情をたずねた。馬は好きかと問うので好きだと答えると、ひと鞍乗って見せよと言う。とび乗ってただの乞食小僧でないところを披露すると、感じるところがあったのか、侍は小吉をわが家へ連れて帰った。彼は駿府町奉行所の与力だったのである。台所で飯と汁を振る舞われたあと、女房が髪を結ってくれた。行水を使えとて湯は汲んでくれるし、大変な世話の焼きようである。この奥方は「こんな汚い子を拾って来て」などと、亭主に文句は言わぬのであった。小吉は身の上を聞かれても、町人の子だと偽っていたが、素姓はおのずと知れる。与力は「いまに大小と袴をこしらえてやるから、ここにいて辛抱しろ」と言う。「六、七日もいたが、子のようにして呉た」と小吉は述懐している。しかし彼はこの家を出奔した。いろいろ尋ねられるのが煩さくなったのである。

与力は小吉を育てて、いずれはわが家の家来にでも仕立てるつもりだったのかもしれない。あるいはこの家には子がなくて、養子にするつもりだったのか。しかしそれは当人にとってもこれから先の思案で、そんな計算をしてこの子を拾って来たのではあるまい。連れて帰ったのはそうせずにはおれぬ衝動だった。それは「なんにしろふびんだから、おれが所にいろ」という彼のひと言から知れる。

徳川期の文明は、こういう情愛を基本的な気分とするものだった。それは乞食に情をそそぐだけではなく、今日の用語でいう精神薄弱者にも生きる空間を与えたのである。四谷に「生来愚昧にて」寺の弟子となった男がいたが、いたって正直者で托鉢に出て四文もらえば三文は返すという風で、使いを頼んでも間違いがなく、武家町家を問わず重宝して「源坊、源坊」とふびんがった。煙草が切れると煙草屋へ行き、黙って袋を出して詰めてもらう。むろん店では代金はとらない。文化五年に死んだときは、町内から盛大な葬列が出て、花を飾った笠鉾には「源坊極楽入」と大書されていた。根岸鎮衛《やすもり》の『耳袋』に出ている話だ。

4 奇談のコスモロジー

井関隆子は天明五年に生まれ、天保十五年に死んだ人で、二百五十俵取りの旗本井関家に後妻として入り、夫亡きあとは悠々たる楽隠居の晩年を送った。国学の造詣深く、歌人でもある。その隆子が天保十一年の日記に、近年の仏事の有様について記している。「法事などとて寺へ詣でたる人、経読むほどに、ただかしがましとのみ思いて、何事とも聞き分かず。或は人の代りに来たる男などは、足痛きに早終れかしと、忍びてあくびうちし、とくに物食わん事をいそぐめり」。とにかく、食事のもてなしがよければよき法事、よろしくなければ悪しき法事で、読経を聞いて信心を起こす人など一人もいない。

これを読んで私はわが眼を疑う。これは現代の法事の様子を述べた文章ではないのか。小津安二郎は自作によく葬式の場面を設けたが、登場人物にお経の長いことをしばしば愚痴らせている。すでに天保年間に、江戸人がこれほど脱宗教化を遂げていようとは。この一事をとってても、江戸期はまさにアーリイモダンであったとせねばなるまい。だが何も驚く必要はないのだ。幕末来日した外国人は一様に、日本人の宗教心の薄さと、とくに武士階級の「無神論」に注目しているのである。

ところがその半面、この時代の人びとは天変地異や妖怪変化にいちじるしい関心を抱き、奇譚怪談にうち興じる人だった。彼らは狐や狸や猫の怪異を信じていたし、現代人の眼からすると相当な迷信家だったのである。しかし、彼らの意識では、奇譚・怪異譚は迷信とは別ものだったことを忘れてはならない。迷信・俗信は笑って否定しながら、奇譚や怪異を信じるのはなんら矛盾ではなかった。なぜなら奇瑞や怪異は実在としてこの世に包摂されるものだったからだ。

橘南谿は京の文人で『東西遊記』の著者であるが、竹の根が蟬に変じるとか、うなぎが変じて山芋になるとかといった話をほとんど疑わなかったようである。かの博識家の殿様松浦静山もうなぎと山芋の話は信じていた。彼はまた蛇が鮹に変じたり、ひきがえるがアラカブという魚になったりする話を『甲子夜話』巻七十六に詳しく録している。このことは自領平戸の領民が往々実見するところだと書いているところからすれば、彼はむろんこの話を信じていたのである。

松浦静山がこのような奇談を『甲子夜話』に録したのは旧弊な迷信家というより、むしろ自然界の驚異にひろく眼を開き、様ざまな珍奇な現象や物品を収集しようとする博物学的関心を、彼が抱いていたことの証左なのかもしれない。十八、十九世紀の交は、日本にそのような博物学的関心が芽生えた時代だった。だが、近世科学が錬金術や占星術を切り離せぬ一面として包含していたことからわかるように、近世の科学的探求心は、人間と自然が呼応し、超自然的なものが実在と混淆し、あの世とこの世が交流するような心性を排除するものではなく、むしろそれと混在し相互に浸透しあう点で、近代科学の合理主義とは異質な性格を備えていたのである。

何かが思いもよらぬものに変態するという信念は、実際の観察とメカニズムの合理的把握を欠く点で迷信と択ぶところはないが、万物万象が孤立的に静止してはおらず、生成流動の関連のうちにあるという世界表象を含む点では、またそのような世界の内奥への好奇心をあらわしている点では、静山の心のうちに生じた初期近代の胎動とみなすこともあながち不可能ではない。かつて林達夫が説いたように、超自然的な驚異を感受するには、他方で自然の合理性という観念が成立していなければならない。この理屈からすると、江戸期も後になるほど怪異や妖怪がふえるのは、合理的な精神が人びとに浸透して来たことの反照といえるだろう。それにしてもこの世界表象ないし自然像は、何と今日のそれと異なっていることだろう。静山は神かくし、あるいは人間の空中飛行を信じた人である。万物に対する生き生きとした知的好奇心は同時に、人と異形のものが交流する神秘冥暗の世界を信じる心でもあった。

川路聖謨は幕末外交史を彩る能吏であるが、合理的思考において卓越した冴えを見せる彼ですら、ある種の怪異譚を佐渡奉行在住中の日記に書きつけている。佐渡には団三郎という狸がいた。これは根岸鎮衛の『耳袋』にも出て来る当時高名の狸で、川路がその住居というのを一見したのは必ずしも信じてのことではなかったかもしれない。だが次の例はどうか。

佐渡奉行所の下僚に清水喜左衛門という人がおり、「大亀と盃ごととして三升の酒をのんだ」という類の逸話の持ち主であったが、川路聖謨はこの男が浦方の番所にいた時、夜な夜な怪しい老女に襲われた話を『島根のすさみ』に録している。この話を川路は信じて録したに違いない。また、相川の湯屋が貧乏神を追い出した話を録した時も、「是は銀山は殊の外ものいみする所にてあれば、おこれる話也とおもわる」と注記はしているが、必ずしも妄説ときめつけているわけではない。

この時の貧乏神は子どもであった。湯屋が夜おそく家に帰ると、台所で乞食のような子どもが四、五人遊んでいる。叱って追い出したあと女房に注意したところ、そんな子どもたちは知らぬと言う。翌日道で人相をよく見る者に出会ったら、その男つくづくと湯屋の顔を見て、あなたはかねて貧乏であったが、近く裕福になる相が出ている、何か変わったことでもありましたかと問うので、さてこそ昨夜の童たちは、わが家に長く居ついた貧乏神にてありしかと悟ったというのである。湯屋から追い出された貧乏神がわが家に舞いこむのではないかと、家々では怖れたというから、これは当時相川で評判になった噂であるらしい。

文政四年の夏のことである。番町に邸のある四、五百石ばかりの旗本の用人が、主用あって下総の知行所へ赴く途中、草加の宿で一人の僧と道づれになった。齢は四十あまり、顔色青黒く、眼は窪んで痩身、どぶ鼠色の古びた単衣《ひとえ》をはしょり、白菅の笠をかぶって頭陀袋を首にかけている。用人がいずこよりいずこへ行かるると問うと、番町のこれこれの屋敷から越谷へ行くところとのこと。それは用人自身の屋敷であったから、空言《そらごと》を言うな、自分の知らぬ人のわが屋敷に居るということがあるかと咎めると、僧あざ笑っていわく。「なでう和殿をあざむくべき。和殿が吾を見しらぬなり。そもそもわれを何とか見たる。われは世にいう貧乏神なり。和殿は譜代のものならねば、むかしのことは知らぬなるべし。われは三代以前より和殿の主の屋敷に居れり」。

次いで貧乏神の言うには、「さるにより彼家には病みわずらうもの常にたえず。先代両主は短命なりき。ただ是のみならず、よろずにつきて幸いなく、貧窮既に世をかさねて、禄はあれどもなきが如し」。そしてこういうことがあったろう、ああいうこともと、人の知らぬはずの屋敷の秘事を言い当てる。用人がおそれて嘆息していると、心配はいらぬ、もう不運の数も尽きたからわしは他所へ移る、これからは借財もなくなるよと言うから、どこへ移られると聞けば、「和殿の主の近隣の何がしの屋敷」とのこと。移る前に越谷の知人を訪うために出て来たというのだが、越谷に至るや煙のように消えた。さて用人は知行所に着いて村人と相談すると、年貢の前借の話が思いもかけず楽々とまとまったという。

馬琴が『兎園小説』に録したこの話の出どころは蠣崎波響である。波響は松前藩家老で、「夷酋列像図」によって知られる画人。波響本人はくだんの用人の知人からこの話を仕入れたのだった。

貧乏神がいれば、疱瘡《もがさ》の神というのもいる。井関隆子によれば、彼女の幼い頃疱瘡がはやったことがあったが、或る夜彼女の父は怪しい夢を見た。六十ばかりのふとって汚い老婆が門から入ってずんずん歩いてくる。父なる人が見咎めて「誰ぞ」と問うと「我は疱瘡の神なり」と言う。「無用の者なり、帰れ」と言って睨んでも、なお母屋の方へ行こうとするので格闘となり、ようやく門の外へ押し出した。夢からさめると体中汗に濡れ、腕はこわばってしまっていたという。むろんこれは子を案ずるがゆえの悪夢にすぎないが、隆子の父なる人はこれをたんなる夢とは決して思わなかっただろう。

橘南谿が陸奥国津軽領三馬座という松前渡海の湊を訪れたのは天明六年である。彼はこの時故老から、二、三十年前の大津波の話を聞いた。故老の言うには、津波の四、五日前から、白昼神々が虚空を飛行するのが見えた。「衣冠にて馬上に見ゆるもあり、或は龍に乗り、雲に乗り、或は犀象のたぐいに打乗り、白き装束なるもあり、赤き、青き、色々の出立ちにて、其姿も亦大きなるもあり、小さきもあり、異類異形の仏神空中にみちみちて、東西に飛行し給う」。人びとは毎日外へ出て、ありがたいことだと拝んでいたが、実はこれが津波の前兆で、神々は事前に異変を察知してこの地を逃げ去っていたのだという。

平安の昔ならいざ知らず、江戸も天明になってこのような古拙な話が残っていたとはちょっとした驚きである。南谿は奇談と思えばこそこの話を書きとどめたのだろうが、しかしその書き振りを見ると、こんなことがあっても一向おかしくはないといった風なのだ。故老の話に一座の年輩の者たちは、そうだった、そうだったと肯いたというから、この連中はみな実際に飛行する神々を見たのである。こういう神々が目に見えるからには、それこそ貧乏神だってもがさの神だって、当時の人びとの目には見えたに違いない。人びとはそういう世界のうちに暮らしていたのだった。もっとも南谿自身は後年の著『北窓瑣談』では、これは蜃気楼現象で蝦夷地の人畜が映ったのだろうと、合理めかした解釈を下しているのだが。

神々ならぬ龍の翔ぶのを見たという話もある。江戸の文人中山高陽は明和九年松島・象潟を訪ねる旅に出たが、秋田の宿で、このあたりの海から龍が出て鳥海山の方へ飛ぶという話を聞いた。年によっては一年に十度余りも出るので、このあたりの者は珍しくもなくて、出て見ることもせぬという。宿主の修験も見たという一人で、飛行中に雲が絶えると飛翔力を失うとみえて、廻転したり伸び縮みしたりするが、わずかの雲気を得るとまた自在に飛び去るとのことだった。江戸に帰ってもこの話はなさいますな、誰も信じないでしょうからと付け加えたのは、この修験の老婆心だった（『奥游日録』）。

日向国佐土原の修験野田泉光院は肥後国高瀬町（現玉名市）のはずれの海辺に宿した時、主人から二十年前の雲仙嶽焼崩れの時、人の形をした者が海上を徘徊し、「三日のうち津浪にて大変あり。早々立退きすべし、波の色黒ければ人多く死し、白ければ助かる」と予言したという話を聞いた。その者は片足は白足袋、片足は黒足袋で、それに予言の文字が書いてあったという（『日本九峰修行日記』）。

十八世紀後半の文人建部綾足は「世に化物のいでつるなどいうこそ、彼も是も人の物がたるを耳づてにいえど、みずから化物にあいつるというものがたりは必ずなきことなり。物に書付けて侍る事も、おのれかかる物を見しとて書しはなし」と言いながら、これは三、四人の者が自分の実見談として語ったことなのだと断って、次のような話を紹介している（『折々草』）。

武州鉢形のある寺で、徹宵俳諧連歌の会が開かれたときのこと。その中に、自分の番になってもなかなか句が浮ばない男がおり、座の者が退屈して便所に立ったり、次の間でねむったりで、とうとうその男ひとりになってしまった。すると、いずこともなく「はは」と笑う声がする。どうも火桶を埋めた板敷の下から聞えるようなので、火桶を抜いてみたところ、犬くらいの黒いけものが飛上って本堂へ逃げた。「化物に笑われつる事のいとくやしき」とて、夜があけてから男が座の者たちと本堂を探索すると、本尊仏の前の花瓶が倒れ、供え物が喰い散らされている。「ここにかくれていたのか。もうちょっとでつかまえたのに」と男が言うと、仏像が「はは」と大声で笑った。竿をとって打ちかかれば、仏像の螺髪が黒いけものに変り、飛ぶように逃げ去った。そいつは狸だったのだ。男はこのことを恥じて連歌をやめたという。

狸といえば、腹つづみを聞いた者もいる。この男筑紫のある寺に宿った夜、住職から「あれ聞きたまえ」とその音を聞かされた。向いの岡に、月夜になると狸が集まって腹つづみを打つのだという。砧《きぬた》の音ではないかと思ったが、そのあたりは人家も何もないところだった。『雲萍雑志』に出ている話だ。松浦の殿様静山公は隣家の男が「うちの林には狸がいて、夜分には腹つづみを打つ」と言うのを聞いて信じなかった。しかしそのうち、「仮居の南辺農盧のさまを作りし処に、暁早くいたるに、北方に当りて鼓声のごとき音」がした。まだ暗いのに誰が鼓を打つのか、もしかするとこれが隣人のいう腹づつみかと思い当り、夜があけて隣人に「昨夜かの狸鼓を聞きしや」とたずねると、然りとのこと。静山は久しく世に伝わることは馬鹿にするものではないと反省した（『甲子夜話・三篇』巻六十）。

狸と人間のあいだには、ゲームめいたやりとりがあった。平戸であった話だが、ある人が知人を訪ねようとして山路を辿っていると、狸が木蔭で昼寝している。「小僧、早く起きて、おれの荷を持ってくれよ」と声をかけられ、自分が小僧に化けていると思いこんだ狸、いそいそと荷を担いで男のあとに従った。男は知人の家に着くと家人にわけを話し、「けっして笑うなよ」と釘を差して狸を招じ入れる。狸は自分が「毛身獣手」なるを気づかず、まったく人のように振舞い、酒を出されれば飲んだのはよいが、冷麦が出て喰おうとすると皿の中の汁におのれの獣形が映った。「狸始めて山路において欺かれしを悟り、逸走して戸外に去る。主客互いに掌を拍ちて笑い、家内皆客の所為を奇と」した。その男は気分よく酔い、夜ふけになって家へ帰った。戸口に妻が立っていて、さぞ暑かったでしょう、お湯を浴びなさいと言う。快よく湯浴びしていると、隣家の男がのぞいて、なんで小便壺を汲んで浴びるのかという。妻と思ったのは実はくだんの狸で、さっそく仕返しをしたのだった（『甲子夜話・三篇』巻四十）。

狸は書も書いた。方々にその書なるものが残っていたが、見るからにいかにも狸らしい一種奇怪なものだという。馬琴がその手の話を蒐めていて、それによると狸が僧に化けて寺に寄宿し、結局犬に見顕わされて喰い殺されるというのがパターンである。書は寄宿中に書いたのである(『兎園小説』)。

狸にも狐にも、人となって世の交わりを結びたい心があった。江戸小石川の伝通院の学寮に学ぶ沢蔵司《たくぞうす》という所化《しょけ》がいたが、熟睡してうっかり尾を出したので狐だとわかった。山内に小祠を建てて沢蔵司稲荷とあがめられているうちに、火が出て寺は丸焼けになった。住職大いに怒り、「大体狐は火を防ぐ霊獣だというのに、沢蔵司の奴め何の役にも立たぬじゃないか。こんなものを祀ってどうする」という次第で、危くとりこわしになりかけたその夜、沢蔵司夢に現れて、無官の悲しさ眷属を遣うこともできず、ひとり走り廻っても及ばなかったと陣弁これつとめたので、住職その心根を哀れんで正一位大明神の位を与えた。この狐、所化に化けて学寮にあったとき、蕎麦切が大好物だったというのも何やらおかしくもの哀しい(十方庵敬順『遊歴雑記初編』)。

美濃国安八郡春近村の井上という富農の家の後園には、その名を板益玄正、別号を梅庵という老狐がいた。三百余年も棲んでいるとのことで、地主の井上とも代々親しく、近隣の者ともつねに言葉を交す仲であった。「筆法あり、禅を談じ医に功あり」というから、日頃人の姿をしていたものだろう。しかしあるとき姿を消してしまい、井上家ではたいそう打ち嘆いていたところ、村の者が京にのぼった際、江州の大津でばったり出会った。梅庵は「事情あって京へ移らねばならなかったが、そのことを告げて悲しませるよりはと黙って去った。自分も年老いて死ぬのも近い。ただ再会できぬのが残念である」と落涙し、井上の子どもたちによく孝行し学問するよう伝え給えとて、手を握って別れた。村人が帰ってこのことを告げると、井上家はもちろん一村の者こぞって泣いたという（天野信景『塩尻』巻之六十八、七十四）。

狐の奇譚は前著『逝きし世の面影』にもいくつか紹介したし、きりがないからこれでやめておくけれど、要するにこの時代、狐にせよ狸にせようじゃうじゃと棲んでいて、人間との距離はよほど近かったのである。百井塘雨は京都の文人で、安永から天明にかけて諸国を廻遊した人であるが、肥後川尻の大慈禅寺を訪ねた夜、川端のお堂に泊ることになった。小さなお堂で格子戸から雪や川風が吹きこむ中で、「ぬ」の字に身をかがめてまどろんでいると、「夜更けて狐ども多く出来て、格子の間より内を覗き、カンカンとな」いた。この中に入って寝たいのだろうかと戸をあけてやれば、おそれたふうで入ってはこない。閉めると替り替り来て、カンカンとやかましく、とうとう一夜眠らず仕舞だった。塘雨はまた相模の江の島に遊んだ時、旅宿で雲助らが博奕をしてうるさくてたまらず、浜辺に出ると、月光に照らされながら狐が沢山出て彼について来る。彼は「終夜浜に遊び、狐と倶に夜を明」かしたのだった（『笈埃随筆』）。

むかしの人が奇談や怪異譚を筆録するとき、果たしてどの程度信じてそうしたのかというのは、なかなか問題になるところだ。根岸鎮衛は天明から文化年間にかけて、勘定奉行、江戸町奉行を歴任した能吏なのに、彼のものした『耳袋』には猫や狐の怪異譚はもとより、あらゆる種類の奇談が網羅されている。しかし東洋文庫版同書の注訳によると、それに録された奇談のうち、たとえば土の中から鯉を掘り出した話は、御絵師の慶意という者の作り話で、文化年間、江戸城中では作り話が流行し、「誰の作り話がよく広まったなどといって興じ合った」というから、彼があらゆる種類の奇談妖異譚を採録する際にも、そういった悪戯心が働いていなかったとはいえない。岡本綺堂は「天保以後の江戸の世界には、相当の物種《ものだね》をつかって世間をさわがせて、蔭で手をうって喜んでいるような悠長な人間は少なくなった」(『半七捕物帳』「帯取りの池」)というが、文化文政にはその手の世間さわがせが全盛だったわけだ。

しかし、この世には人智の及ばぬ神秘なからくりがあると信じる心がなければ、作った話は生きようがなかっただろう。面白い奇談を求めてやまぬこの時代の好尚の裏には、狸にも松の木にも人間とおなじ情がかようような、人間も含めて一切の森羅万象が交響交歓する心的世界があった。

代官岡本忠次郎は支配所の山中で、狼が人を害することが多いので、自ら詩を作り山中に掲示した。「毛属ノ蕃生スルハ国土ノ恩ナリ／山ニ住シテ何ゾ山民ヲ害スルヲ得ン／拆看セヨ狼ノ字ハコレ良犬／諭ス今ヨリ人ヲ愛スルコトヲ知レ」。それで狼害が減るとも思えぬが、この時代の人は狼にもものに感じる心があると信じたのだ。「然るについにその害遠ざかる」とものの本は記す。天保九年のことで、岡本はこのとき七十三の老翁であった(『甲子夜話・三篇』巻五七)。

井関隆子は娘の頃平気で庭の蛇を打ち殺したというのでもわかるように、迷信にとらわれぬ合理的な心の持ち主だったが、日記にはこの時代の人らしく奇談を好む性癖が表れている。浅草の眼力大夫の話はその一例である。浅草奥山の芸人に眼力大夫なる十四、五歳の少年がいて、この者の眼球は自由に外へ突出し、かつ力あり、二、三歳の幼児やら水を張った桶やらを縄に吊り、眼球に掛けて様ざまな芸をするというのだ。こんなことが人間にできようとも思われぬけれど、隆子は結構信じている風で、絵心のあった人だから、巷で売られていた一枚絵か何かを模写したのか、このくだりには挿画までつけている。

隆子は星占いなど信じぬ人であり、天狗の存在はあながち否定しなかったが、その禍にかかるのは卑しい者の子が多いと言っているところを見ると、かなり懐疑的だったようだ。しかしそういう彼女でも、剣や甲冑にまつわる奇瑞は信じている。総じてこの時代は、よほど知的な人であっても、幼稚な迷信はともかくとして、狐狸の類を含めて超自然的現象の存在を疑うことはなかったのである。

根岸の『耳袋』には、狸が吉原に上って女郎をあげたなどという、暢気でおかしい話が多いが、松の木が引越しをいやがったという話はさらにおかしくのどかだ。ある旗本が屋敷替えになり、庭の松の大木を隣屋敷から所望されるままに掘りあげようとしたが、折角掘った土が一夜にしてもとのように埋まる。そこで当主が松の木の前へ行き、「年久しくありし松、ほかに移らんは心憂かるべけれども、我とてもほかへ移ればせんかたなし。幸いに愛すべき人近くありて、引かん事を望まれしゆえに、掘り動かすなり。然れどもとかく日数を積みても動かざれば、せん方なく伐りもすべし。さありては無漸なれば、明日は快く移るべし」と説諭したら、その甲斐あって怪異はやみ、無事移植することができたというのだ。

『翁草』の著者神沢杜口は、京都祇園御旅所の榎の老木が折からの野分に倒れたのを悲しんで弔文を作った。樹齢五百年という。「至れる哉、時なる哉、いほの春秋に貞操をあやまらず、応仁の騒しきにも遁れ、すさのをの神やどります……図らずもことし、明和壬辰秋のあした、ただかりそめの風の心地となん仄聞《ほの》ゆるまま、打おどろかれて、あけの日いち早く行き見れば、はや事きれたるさまなりけり」。樹木には心もあり人格もあるゆえに、親しき友同様、その死は弔われねばならなかった。

　もともと樹木には霊の宿るものとされていた。寛政四年四月のこと、山城の国淀の北横大路という村の庄屋宅に銀杏の大木があったが、大風の吹く度にその下枝が土蔵の瓦を打ち落とすというので、杣《そま》をやとって下枝を払うことになった。杣が下枝を切り払ってだんだん三股になっているところまで登り、三股の枝のひとつを切ろうとすると「俄かに陰風吹来り、杣が首筋を何やら物ありて、つかむように覚えて、身の毛ぞっと立ちければ、杣大いに恐れて急に逃下り見るに、首筋元の毛ひとつかみほど、引ぬきて、顔色土のごとくに成りたり」。おそらく天狗の棲み給うところだろうとて、樹木に神酒を供えて罪を謝し、賃銀もとらずに杣は逃げ帰ったという（『北窓瑣談』）。

天狗には人もなるのである。武州川越の喜多院という浄土宗の寺があるが、その何代目かの住職は天狗になった。ある日弟子たちに「我、時節到来せしまま、今妙義山の中の嶽へ飛ぶなり」と言い置いて、鈴を鳴らしながら雲を踏んで立ちいでたという。このとき小姓が味噌を摺っていたが、「我も御供申すべし」とつづいて虚空へ飛び上り姿を消した。しかしこの小姓は途中で力尽きたのか、空から落ちて死んだと伝えられる（『遊歴雑記初編』）。

文政年間、幼い頃から山人・天狗の世界に出入りしていたという少年が江戸に現われ、大評判になったのは、平田篤胤による聞き書『仙境異聞』の記す通りであるが、その少年寅吉によると、山人といってもいろいろあるらしく、この世の人間が何かの事情で山に入り、「自然に山中の物をもて、衣食の用を弁ずる事を覚え、禽獣を友として……三十年ばかりも山に居れば、誰にも成らるゝ物にて」、これが「真の山人」だという。しかし寅吉の師となった杉山山人はその種の山人ではなく、「山に住む故に、これをも山人と称すれども、真は生きたる神にて仏法なき以前より、現身のまゝ世に存し、神通自在にして……数百千万歳の寿を保つ」種属である。では天狗かといえば、それはまた別物で、「人ならぬ物の化《うつ》りたる天狗は、言語も通い自在の業は為《す》れど、然《しか》すがに甚だ愚かなる物」だという。そのほか深山に自然に生ずる異形のものがあって、人の形に近いので山人とはいうが、実は魑魅のたぐいである。

篤胤は神道の「顕世・幽世」の二元論にもとづき、寅吉のいう山人の世界を幽界の存在を確証するものと解した。しかし、その幽界はこの世と平行して存在する異界＝アナザワールドであって、両者間には相互浸透、平たくいえば出入りがあるというのが彼の異界論の勘どころだった。そもそも、幼い寅吉をたずさえて筑波連峰まで空を飛んだという杉山山人は、上野寛永寺黒門前の五条天神で丸薬を売っているときに寅吉と出会ったのだ。この老人は「わいわい天王」の姿をとって江戸の街に現れたこともあった。「わいわい」天王というのは、「鼻高く赤い面をかぶり袴を着し大刀をさし、赤き紙に天王という二字を摺《す》りたる小札をまき散らして子共を集め」る芸人のことである。

人びとの生きるこの世の裏には、このような異界があって、様々な兆しや訪ないとなってこの世に触れ合っていたのだ。江戸時代人とはそういう兆しや訪ないを敏感に感受する人びとであった。つまり彼らはこのような重層的なコスモスの中で生きていたのだった。

大阪に「俗謡を唄う声のいと美し」い者がいたが、あるとき街で山伏姿の「異人」と行きあい、「その方の声を三十日借りたし、許し給わんや」と声をかけられた。「彼の男何心なく諾したるが、その翌日より声潰れて謡われず」。住吉神社に祈ろうと出向く途中、かの異人来って「頼み甲斐のない人だな。わずか三十日を待てずに住吉神に祈ろうとは。そんなことをすれば自分がおとがめを蒙るではないか。そうなると、自分もお手前をただでは置かぬことになる。約束通り、三十日間声を貸し給え。返すときにはよいまじないを教えるから」と言う。やがて三十日が経つと、異人再び来って、約束のまじないを教えて去った。それは万病に利く薬の製法で、男はそれによって安楽に一生を送ったという。声ではなく、耳と口を三年借りられた男もいた。これは上総の東金の男である（『仙境異聞』）。

十八世紀末葉から十九世紀初頭にかけて奥羽・蝦夷への旅を続けた菅江真澄は、津軽・赤倉が岳の麓で、この岳には怪しいものが登りくだりするという話を聞いた。背丈は相撲取りより高く、やせ黒ずんでいて、慣れ親しんで酒肴などを与えると、さっと飲み食いして、返礼として山の大木を根こぎにしたり、級《しな》の木の皮を剝ぎ、馬二、三頭に積むほど持って来てくれる。やまのひと、あるいは山の翁《おっこ》と人びとは呼ぶ由（『菅江真澄遊覧記』「外浜奇勝」）。むろんこの手の話は全国の山国にあって、真澄はたまたまそのひとつに出会ったのだった。

江戸時代は世俗化、すなわち脱宗教化の過程がひろく庶民を巻きこんで進行した時代だといわれる。幕末日本を訪れた西洋人が、日本人には宗教心がないと感じたことは、拙著『逝きし世の面影』でも紹介しておいた通りだ。しかしそれは仏教・神道といった組織された宗教が威信を喪った状況が、西洋の教会的信仰《フェイス》の視点からすれば無宗教的に見えたのにすぎない。イスラムやキリスト教のような「世界宗教」だけが宗教なのではない。むしろ、そういう世界宗教・高度宗教以前の自然宗教的な感情、あえていえばもっとも原初的で醇乎たる宗教感情は、江戸時代の人びとにはたっぷりすぎるほど保有されていた。江戸期の人びとにとって、世俗化とは同時に不思議と驚異にみちたコスモスの発見でもあった。

板坂耀子は、江戸時代の幕府役人の採薬記録などを見ると、「この時代の人たちが時には現代の私たちよりよほど大胆に、迷信を拒否することに気づく」と言い、次のような紀行文の一節を紹介している。「所のもの是を禁示すといえども、かの山に登る。この山において大小便する事を常に禁止す。然りといえども、予が従者、そのほか人歩（夫）等にも是をゆるすに、されども何のさわりもなし」。これはまさに当を得た指摘で、幕府役人が著るしく開明的で、西洋人たちから無神論者とみなされたことはこの章の冒頭ですでに述べた。板坂の引く一文はまさにその好例だろう。しかし、いわれのないタブーを実験によって否定するのは（それは少年の日福沢諭吉も試みたことだ）、この世には何の不思議も奇瑞もなく、すべて合理でわり切ることができると信じることではなかった。いわゆる迷信を軽侮する心と、この世にはどんな不思議が潜んでいてもおかしくはないとする心は、同一人のうちに楽々と同居できたのである。

明和・安永年間に幕府はしきりに貨幣改鋳を行ったが、新鋳の四文真鍮銭と南鐐二朱判は品位が劣り物価高を招いたので、人びとから嫌われた。続く天明年間は気候不順で、諸国は飢饉に見舞われ物情騒然たるものがあった。

天明七年、麹町十三丁目の下駄屋甚兵衛という者が奉った上書には、近年の多雨現象と新貨の四文銭・二朱銀とを結びつけた面白い解釈が述べられている（神沢杜口『翁草』巻之百四十）。甚兵衛の言うには、二朱銀が出て以来、大阪の金相場が下落した。金は陽、銀は陰をかたどるものであるから、陰が陽にまさる形勢が気象にまで及び、近年の多雨・水難となったのである。また四文銭の裏に波の形がつけられているのもいかがなものか。天下の宝である銭に波の形などつけるから、自然と陰気を動かし雨を催すのである。さらにまた、二朱銀の極印に七つ星がつけてあるのもよくない。星は夜陰のものであるのに、昼間盛んに通用する貨幣にその形が顕れるのは自然の秩序を乱すものである。数年来雨続きで五穀が稔らぬのもそのためではないか。

　下駄屋甚兵衛の頭に宿ったこのようなコスモロジーには興味津々たるものがある。むろんこういう陰陽思想は今日の眼からすればお笑い草以外の何ものでもない。為政者たる幕府としても、こんな上書を奉られても苦笑するしかなかったろう。しかし江戸人にとって、万象はこのように連関し、たがいに浸透し呼応するものであるという認識は、結局のところ、この世界がおのれの住まうに足るゆたかな意味の宝庫だと教えるものであった。あらゆる形象はそのまま象徴であり、その奥には生命の神秘が隠されていた。彼らにとって、世界はあまりにもゆたかな意味で溢れすぎていた。西洋人を驚倒させた江戸期のあの多産で卓越したデザインは、万象に意味と促しを読みとるコスモロジーの産物とみなすとき、その性格がよく了解されるのではなかろうか。

5 いつでも死ねる心

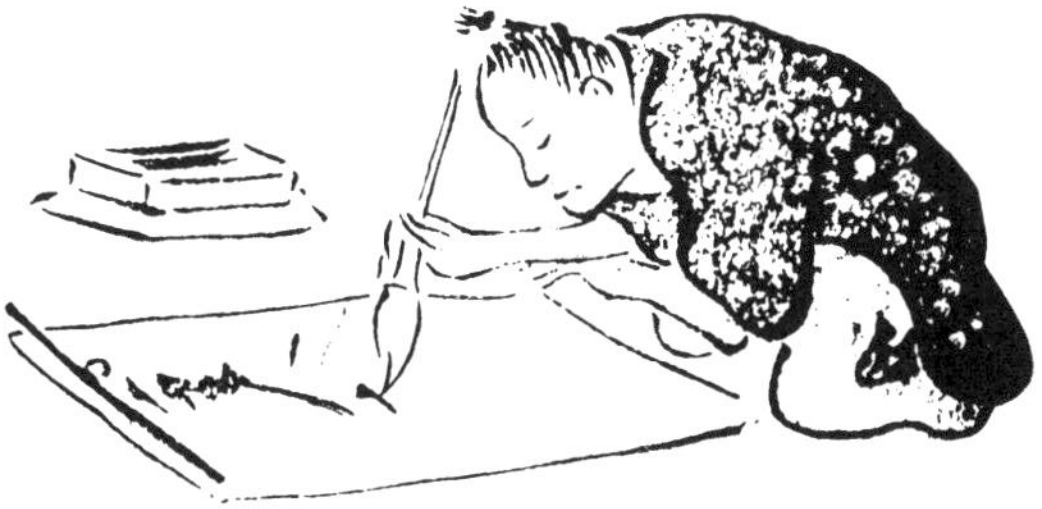

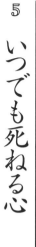

幕末の人びとが死をいたって気軽なものとみなし、時には冗談の種にさえしたことについては、これまた欧米人観察者の数々の証言がある。彼らは葬列にみなぎる陽気な気分におどろかされた。他者の死だから構わないというのではない。自分の死についてもおのずからなる諦念があった。幕末どころか、十六世紀の末日本に滞在したジョアン・ロドリーゲスは、死罪に処せられるとき女でさえも平然としていると書いている。死だけではない。明治の初め日本で暮らした欧米人の間では、日本人は火事で焼け出されてもニコニコしていると評判だった。

私はそれが立派だと言いたいのではない。それはよし悪しの問題ではなく、私たちにはもはや無縁となった近代以前の心性の問題なのである。むろんその背景には、前近代特有のライフ・サイクルがあった。日本人の出生時平均余命は十七世紀には三十歳そこそこ、十八世紀には三十代半ば、十九世紀に入ると三十代後半というふうに着実に延びてはいたが、それでも幼児死亡率の高さから、出生児十人のうち六歳に達するのが七人以下、十六歳まで生存できるのは五、六人にすぎなかった（鬼頭宏『日本二千年の人口史』）。また死亡年齢は広く分布しており、平均の人生が短かっただけではなく、人間いつ死ぬかわからぬというのが当時の実感だったろうという（速水融『江戸の農民生活史』）。

むろんそういう人口学的な要因ばかりではなく、自然との交響のうちに生きていた当時の人びとの意識も背景にあるのだろうが、とにかく彼らは植物が枯死するように、従容として死を迎えるのがふつうであったようだ。「いつ死んでもかまわない」という開き直りが勝小吉だけのものではなかったと先に述べたのはそういう意味である。そして死に対するそのような諦念は、あっけらかんと明るいものでさえありえた。

野田成亮（泉光院）は日向国都城の修験であるが、文化より文政にかけて名山霊蹟を訪ねるために全国を巡回した。その彼が石見の大森銀山のあたりで聞いた話を書きつけている。「銀山掘り日雇の者三十歳以上長命の者は一人もなし。それを知りながら掘りに出る事也。命はへちまの皮とも思わぬ者ども也」。

大阪天満の商人高木善助は文政十一年、商用で鹿児島へ赴く途中、肥後の松橋から薩摩の阿久根まで船に乗ったのはいいが、船も古ければ漕ぎ手も年寄りで、「柳の瀬戸に入らむとする時、島山おろしにわかに吹き来り、たちまち裏帆になりたるゆえ、船頭あわてさわぎて、楫《かじ》を取りたるに、おもかじ取りかじを違えて、船たちまち覆えらんとせしかば、乗る人大いに驚き、皆一同に高くなりたる方へ倒れかかりて、ようよう凌《しの》」ぐありさまだった。天草の御所の浦に船を入れて、皆口々に船頭を恨んでののしったところ、船頭平気な顔で言うことに「今二寸も傾きなば、今頃は御客も我らも水底に居るべし」。あまりのことに乗客はみんな笑ったと高木は書いている。この船頭も「命をへちまの皮とも思わぬ」男だったのである。

しかし、いつ死んでもかまわぬのは、銀山のあらくれ男や、板子一枚下は地獄という舟人だけの話だったのだろうか。篠崎仁三郎は夢野久作が『近世快人伝』で取りあげた博多魚市場の名物男である。明治二十年前後に二十三か四だったというから、生まれは慶応あたりだろう。この男とその仲間たちも死ぬのは一向に平気という連中で、生きたのは明治という「聖代」であっても、その飄逸で突き抜けた気分は、まさに江戸時代人の気性の一斑を表している。

仁三郎によれば博多っ子たる資格は五つあって、一に十六歳にならぬうちに柳町の花魁《おいらん》を買うこと、二に身代構わずに博奕《ばくち》を打つこと、三に、生命《いのち》構わずに山笠《やま》をかつぐこと、四に出会い放題に××すること、五に死ぬまで鰒《ふく》を喰うことである。××はご想像に任せる。今ではこういう馬鹿はいませんと晩年の仁三郎は語るが、要するにこの連中は、たかをくくって自分の短い一生を笑いのめし、しゃれのめし、騒ぎまくろうというのである。自分の生を馬鹿にする点では、宮崎滔天の説く肥後のわまかし精神にも通じる。

滔天によればかの明治十年戦争の際、薩軍を嚮導する熊本協同隊の野満兄弟は、先頭に立って熊本城壁にとりつき、揃って戦死したのであるが、そのときの野満弟の言葉は次のように伝えられる。「兄さん、今日は革命の初日だ。お祝いに二人で死んでみせよう」。しかし、肥後のわまかしに屈折した批評の狂気が匂うとすれば、博多のにわか精神には、おなじく狂的でも突き抜けた明るさとすご味が感じられる。

「考えてみると、私どもの一生は南京花火のようなもので……シュシュシュシュポンポンポン……ウワアーイというだけの話で」といった風な仁三郎の述懐に漂う、かすかに哀愁を帯びながら徹底的に明るい虚無感には、江戸後期の戯作、たとえば『東海道中膝栗毛』に横溢する、あっけらかんとした極楽とんぼぶりの無気味さに通じるものがある。江戸人といえども好んで死にたい者はいない。だが生への執着という点で、彼らにはいちじるしく淡泊な一面があった。

仁三郎は博多っ子の資格のひとつに、死をおそれずに鰒を食うことをあげているが、この男の父親はようやく乳離れしたばかりの仁三郎の口に、鰒の雄精《しらこ》を入れてやったものだという。「馬鹿なことばしなさんな。当たって死んだらどうしなさる」とかみさんが言うと、「あまいことを言うな。鰒をば喰いきらん様な奴は、博多の町では育ちきらんぞ。今から慣らして置かにゃ、詰らんぞ。当たって死ぬなら今のうちじゃないか」と怒鳴りつける。当たって死ぬなら今のうちとはいったい何事であろう。児童の人権というものを知らぬのかと、いきり立ちたい気がしないでもないが、この親父、人権が長生きすることだとは毛頭考えていない。人権とは男（もしくは女）を立てることであり、それで死んでも本望なのだった。

この時代の人は、あるいは死とあまりにも親しみすぎていたのかもしれない。親友の古道具屋が旅先で患って死にかかったとき、仁三郎は言う、「貴様はモウ詰らんぞ」。するとその男はさすがに涙はためていたものの、何度も何度も合点したのである。何とあっさりしたものだろう。そしてこの先話は、死にかけている男の生肝を中国人の買人に売りつけるにわか仕立てになってゆく。死は冗談の種であって、仁三郎自身、鰒に当たって死にかけたこと四たび、一度などは棺桶に入るところまで行ったが、これまた当人には腹の皮のよじれるおかしい話なのであった。

　海軍大将や九大教授などお歴々の揃った座敷に、とれたばかりの鯛を持参した仁三郎、折柄の雨に素跣《すはだし》で、「この寒いのに風邪ひくぞ」と言われ、「跣で結構。跣で歩いて、おお寒むとか何とか言うて、この鯛で一杯飲んでみなさい。あした死んでも思い残すことはない」。折しも花咲く長生き話に、「ハハハ、人間はアンマリ長生きせん方がええと思いますなあ。人間一代山は見えとる。うまい酒をば飲むだけ飲うで、若い女子《こども》は抱くだけ抱いて、それでも生きとれあ仕様がない。また明日は魚をせるだけの話たい」と一座を煙《けむ》に巻いた。

　仁三郎たちにとって、なぜおのれの一生は勢いがよいだけのはかない南京花火なのだろうか。それは彼らの一生が、死ぬまで鰒を食うとか、死ぬ覚悟で山笠を担ぐとか、出会いがしらに女と寝るとか、そういったことしか心意気をかけるものがない一生だったからだと言うこともできる。現代人が仁三郎たちと違って、死を怖れ生に恋々としているのは、彼の一生にはもっと有意義な課題があり、シュシュシュシュポンポンポンという花火にたとえるには、あまりに中身の濃い楽しみや生き甲斐が詰まっているように思えるからだろう。つまり彼らは利口になったので、その分、自分の一生が仕掛け花火なんぞとはとても思えないのである。だとすれば、の楽しみと張り合いを知っているのだろうか。しかし、それは問うまい。いまの私のもくろみは、それがよいことか悪いことかは別として、われわれとはあまりにかけ距たってしまった在りし日の人びとの姿を瞼に思い描くことなのだから。

ただこのことは言える。在りし日の社会の雰囲気は、自分の生き死にの意義を徹底してつき詰めるようには出来ていなかった。酔生夢死のような生涯を送ったから、シュシュシュシュポンポンポン、うわあい、といった一生を送ったから、いつ死んでもよかったのだというのでは理解はまだ浅い。江戸時代に志を立てて営々と努めた人物は沢山いる。そういう人とて、死を前にあわてることがなかったのは仁三郎とおなじだった。江戸時代の後半、人びとの意識は自分の人生と社会ならびに自然との調和的呼応という点では、ある極点に達していたようだ。中世のように死と生を徹底して見据える視線は消失した。江戸の面白さは徹底を回避して、とことんはぐらかすところに生まれる。野暮天とははぐらかしのためのキーワードではなかったか。

小西来山は十七世紀後半の俳人で、摂津国の人。辞世は「来山はうまれた咎で死ぬるなりそれでうらみも何もかもなし」と伝わる。すこぶる超脱の風があったというが、なるほどこれは一種の悟達だろう。『雲萍雑志』の伝える正念坊の辞世「来て見ても来て見ても皆同じことここらでちょっと死んで見ようか」も似たようなもので、気分は明治の魚屋篠崎仁三郎とあきらかにひとしい。江戸人はこのような一見さばさばとした覚悟を粋と感じた。なぜ死なねばならぬとこだわるのは野暮の骨頂であった。考えても仕様のないことを考えるのは無意味なこだわりでしかない。こだわりを突き抜けてこそ人は粋であった。だが来山の狂歌が一種のはぐらかしであるのは否みようがない。生まれたから死ぬのだとあっさり納得して死んでゆく一介の老農夫がいるとすれば、それはわれわれの眼からしても尊敬と羨望に値する。しかしその覚悟を文として表出すれば、それははぐらかしとなる。なぜなら文は思考であり認識であって、死には理屈もなければ子細もないと言っている来山は、たしかに突き抜けた覚悟は表白しているものの、思考と認識はその時点で閉ざされるからである。

私はいま、何がゆえに在りし日の文明が滅び、近代にとってかわられねばならなかったかという問題のとば口に立っている。この巨大な問題にひとつの切り口で答えることはできない。だがささやかな切り口をひとつ示せば、人間はいつまでもはぐらかしを続けるわけにはゆかぬのである。夢野久作は快男子篠崎仁三郎の言動を紹介するに当たって、現代人の神経衰弱を吹き飛ばす良薬と言っている。なるほど利き目はあるだろう。われわれはたしかに仁三郎にかんがみて、おのれのこだわりを相対化してよいのである。しかし物事には反面というものがある。さわやかに南京花火的生涯を駆け抜けた仁三郎は、同時に人生にははぐらかすことのできぬもののがあるという事実から、ひたすら逃げまくったのではあるまいか。

いうまでもなく、死すべきときに死なぬのを取り返しのつかぬ恥としたのは武士である。野満兄弟ではないが、武士には死んでみせねばならぬ時があった。武士の子はそういう〃時〃に合わせて教育された。でなければ、年端もゆかぬ少年が何の気負いもなく淡々と腹を切る、などということがありえただろうか。いま私の念頭にあるのは、室鳩巣が『駿台雑話』に録している挿話である。

加賀藩に杉本という微禄の家があった。当主が出府して留守の間、九十郎という十五歳の子が同輩と囲碁で口論となり、抜刀して相手に傷を負わせ、預かりの身となった。その間九十郎は「いささか臆したる気色露ほどもなく、言語ふるまいの落つきたるはなかなか年におわぬように見え」た。相手はやがて死に、九十郎は切腹と定められたが、「その前の夜、主人名残りをおしみつつ、酒肴いろいろ用意してもてはやしけるに、九十郎母への文などしたため置き、さて主人にくわしく謝詞をのべ、この程付き居たる家人へも、それぞれねんごろにいとま乞いして、さて言いけるは、『面々へ名残りもおしく候えば、こよいはあくるまでも語りたく候えども、あす切腹の時ねぶたく候ては、いかがと存じ候えば、先にふせり候べし。面々は是にてゆるゆると酒すすめられ候え』とて、奥へ入りて高鼾《いびき》して」ねむった。切腹のさまも「従容としてやすらか」だったというが、これが十五（今風にいうと十三、四）の少年の話なのである。

意地でもなければ虚勢でもなく、やせ我慢ですらない。美談として残ったのだから、特別覚悟のよい少年だったのだろうが、どうしてこんなことが可能なのかと、現代人たる私はほとほと感服もしくは困惑を禁じえない。教育とはそれほどおそろしいものなのか。その点は認めるもののしかし、教育が効を奏するには、それ以前、あるいはそれを超える時代全体の死生観、言い換えればいつ死んでもいいという世人共通の気分がなければなるまい。この話は武士という特別な身分に伴う美談というより、当時の人びとの生死に関するまことに淡々たる気分の一例であるように私には思える。

しかし話が薩摩の兵児《へこ》組となると、その死ぬのを屁とも思わぬ態度はまさに意地、やせ我慢、さらには自己顕示の骨頂というべきだろう。一座の真中に弾をこめ火縄をつけた銃をぶらさげてぐるぐる廻すというラッシャンルーレットめいた話は、『甲子夜話』や『西遊記』にも録されていて有名だが、私はどうもこんな話は好きではない。静山侯はまた、島津侯が猟を催した折、兵児どもが発砲の戒めを破った話も録している。令してみだりに発砲するのを禁じたのに、早々と銃を発する組があったので、調べると兵児組であった。二度とやったら死罪だぞと言い渡してその日は許したが、次の猟でまたもや銃を放つもの数十人、侯甚だ怒って意を問わしめたところ、先日殿が今度みだりに発砲せば死罪と言いつけられたので、もし君命を守れば命を惜しむことになる、われらが命を惜しむ者でないのを証《あか》しするために発砲したとの答だった。私はこの話も好きではない。篠崎仁三郎の鰒の話と同様、破れかぶれの強がりであり、仲間うちでの虚栄でしかないからだ。たとえそこに死が賭けられているとしても。

しかし翻えって考えるならば、強がりであれ意地であれ、あるいは体面であれ、即座に死んでみせるというのはなかなかのことである。橘南谿は薩摩の国柄についてこう書いている。

「すべてこの国は、武士はさらにもいわじ、町人、百姓といえどもあばれものは格別の事、趣意ありて刃傷に及べるは、いかほど大なる喧嘩といえども捕手の役人来る事なく、人を切りたる者を搦《から》め取るということもなく、ただ、官府には知らず顔に捨て置き給うなれど、人を殺したる者の逃走という事はむかしより一人もなし。皆、相手死すればいさぎよく切腹して役人の世話になる事なく、死せしあとにてその所より役所へ届けありて事すむなり」。人を殺せば自分も死ぬという倫理が実行されていたのである。人を殺しておいて自分には責任能力がないとする言い訳はまだ発明されていなかった。

彼は天明二年八月、自分が鹿児島に滞在していた時の見聞として、次のような話を伝えている。南谿の泊った宿の隣りに、丸山千七という商人宿を営む年は二十一、二歳の町人が住んでいた。大身の侍の若党と口論して散々辱しめられ、ついに若党を斬り倒した。さいわい若党は傷が急所をはずれていて命をとりとめたが、親類ども集まって、町人から手を負わされ疵養生して助かったなどと、人からうしろ指を差されるのも不本意ゆえ、切腹させようと評議一決、若党も「もっとも至極」と同意して即日腹を切った。このことが謹慎中の千七に伝わると、親類朋友呼び集め、ねんごろに暇乞いして友人の喜八に介錯を頼み、実盛の謡を高らかにうたい終えて腹を切ったが、両親兄弟始め一滴の涙も流さず、「みごと、みごと」と声をかけてほめはやした。これは南谿が隣家にいてつぶさに見たことである。

いさぎよいというか、かねて教えこまれた約束事に忠実というか、この世にほとんど未練というものがないように見える。未練がないはずがない、ただ時代の道徳というものに縛られて、おのれの真実を圧し殺しただけだとするのが、芥川や菊池寛の大正心理主義というものだ。しかし事実の単純さは、こういう現代人のヒューマニズムによる理解を超えているように私には思われる。彼らはおそらく来世というものを信じていたに違いない。それだけにこの世は仮の宿りということを、われわれよりもずっとよく承知していたに違いない。

もっともこの頃の人は、死よりも大事なことがあると信じてもいたのだ。これも南谿の伝える鹿児島の話で、武士四人が同道して近村へ出かけたが、途中一人は用あって寄り道し、三人で往くうちに二人の侍と出会って喧嘩となり、二人を切り伏せてしまった。追いついて来た一人に事情を説明し、君は何も知らぬのだから身を退き給えとすすめると、その男矢庭に刀を抜いて倒れた屍をずたずたに斬り裂き、「我とても初より同道せし今日の連《つれ》なり。此場におくれたりとて独りのがるべきにあらず。また、わが刀をかくのごとく汚《けが》せし上は同じく喧咄の相手なり」と言って、連れ立ってわが家へ帰り腹を切ったという。これは朋友の義を命より重しとしたのである。人を殺した場合、司直の手を煩わせずに自裁するというのも、いざというときに倫理すなわち人の道を第一にする心がつねづねあったからだろう。喧嘩で人を殺した者は自分の命も捨てねばならぬというのは人の道の根本であった。でなければ殺し得、殺され損になるからである。人の道は命より重かったのである。

川路聖謨が奈良奉行在職中に見た死罪人の姿も、この時代の人びとの死の受けとめかたの一面を示すものかもしれない。死罪ときまった囚人を哀れんで、妻子に言い残すことがないかと獄吏に問わせたところ、蛸の煮たのを喰いたいと伝えてくれ、外に言うことはないとの返事であった。それを聞いて聖護は、妻子を思う情は盗賊とて変らぬはずなのに、このように言うのは「けなげにいうつもりにて決心」したのだろうと思った。彼はそれまで重科人を手近く扱ったことはなかったが、罪人が牢から引き出されて仕置き場まで行く有様を下僚から聞いて、その少しも心を動かぬ有様は、むかしの物語にある死を見ること帰するがごときという人にも少しもおとらぬと感嘆するほかなかった。

あるときは十六歳の盗賊が、「重科を犯したのに引き廻しにならぬ者がいる。引き廻しになると約束せねば口書に爪印はせぬ」と言い張る。聖護がじかに説得すると「馬に乗ることならばありがたし」とただちに爪印し、「御奉行さま、私ども望みにまかせ引き廻しになるときは、白無垢ひとつ給われな」とねだった。芝居のはやしに「かねてふたりがこの白無垢」とあるが、この男は「伊達な浮名が嬉しゅうて」ぐらいに、引き廻しのことを考えているのだなと聖護は思い、その日の日記に「かれらがこころもまた知れぬことなり」と記した。

この十六歳の男はそれまで二度盗みを働いて寛刑に処せられていたが、三度目の御用で死罪ときまったのである。聖護はかねて、犯罪に対する寛厳の計らいには苦慮するところがあった。なるべくなら寛大に処置したい。しかし、寛大な計らいで釈放した男がその後人を殺すということが現にある以上、情けをかけるのは奉行たる自分の自己満足で、職責にそむくものではないのか。しかしこの少年は聖謨の苦悩をよそに、処刑の当日を一生一度のはれの舞台と心得、白無垢を着て馬に乗る自分の伊達姿しか頭に浮んでいなかったのである。芝居気どりで一生を終えるつもりかと聖謨が慨嘆するのも無理はないが、口書に爪印して礼を述べるその姿は、まことに妄執の雲はれたようなすがすがしさだったと聖謨自身が認めている。ちなみに、引き廻しになるというのは死罪人の最後の見栄だったようで、彼の日記にはほかにもその例が記されている（『寧府紀事』）。

6 家業と一生

『北越雪譜』の著者として名高い鈴木牧之は越後国魚沼郡の産、十八世紀から十九世紀にかけて生きた。家業の質屋を継ぎ、父の訓戒を守って何の遊びもせず、一生働きに働いて死んだ人である。

彼には自伝『夜職草《よなべぐさ》』があって、その序文に言う。世に盛衰は逃れがたく、栄えた家も子の代孫の代に傾きがちであるが、それも一にかかって主人の心掛けにある。心掛けとは身のつつしみをいう。よろず堪忍が大切で「たとえ遊所へ誘われても往かぬが忍、うまい物を求めくらわず、こらゆるが忍、被たいと思う着物も被ぬが忍、博奕、飯酒一々にこれも忍かれも忍と、こいねがわくば活業《なりわい》を大切によく心を煉り、志願の的をはずさぬように、とかく幼きよりしつけが肝要なり」。

この自戒を彼は生涯ほぼ守り通したようである。それにこの人、家中を常に片付けておかねば気がすまず、昼間から炬燵に入るなどしたことがなく、一日高麗鼠のように動き通し、家人・使用人にも結構口やかましかったらしい。おかげで家業は順調、父のなした産を守り育てることができたが、その一生何の面白いことがあったのかというのが現代人たるわれわれの気懸りである。

むろん牧之は文人であって、『北越雪譜』は今日なお愛誦される彼一代の名著、『秋山記行』も山中僻村の習俗を伝えて民俗学の先蹤たる評価が高い。著作は発句、小説を含んで十六種、全二十五巻に及ぶ。しかし彼は文業を余業とみなし、余業のために本業をおろそかにしたことはないというのが一生の自慢だった。馬琴は書を寄せて言う。あなたはご多能で、大工仕事から何から、一家のことはすべてご自分でなさる由、まさにご一家の幸いである。特に渡世を先にし、文筆の楽しみを後になさるというのがよろしい。さらにその御商売が楽しみとあればますます結構というものだ。商売の余力にする風流こそまことの風流というべきで、あなたのようなお方は実に稀である。

馬琴はもちろん文筆を本業とした人である。鈴木牧之の心掛けを讃えたとき、彼は職業作家たる高みから日曜作家を見おろしたのだろうか、汝にはそれが分限だろうという風に。そうではあるまい。馬琴はおのれの倫理感覚の根本を述べたのであって、にもかかわらず自分の場合、余業たるべきものが本業になってしまったのは、自分でも如何ともすべからざる矛盾だっただけの話だ。運命の定めた活業《なりわい》に孜孜として努め、そのうちによろこびを見出すのが、人間の一番まっとうで幸せな生き方なのだと、おそらく馬琴は心から信じていたに相違なく、それはまた牧之の信じて疑わぬところだった。

文筆は牧之にとって、活業のみでは満たされぬ心の遣りどころではなかった。職業は金を稼ぐ手段にすぎず、人生の意義はその金で、余暇に釣りバカになったり、カルチャー教室通いをしたり、インターネット狂いをすることにあるという現代人の牢固たる思いこみを聞かせたら、牧之は驚倒したことだろう。おのれの分限たる家業を日々怠りなく努めているという満足感があればこそ、文筆は彼にとってよろこびでありえた。もちろん文筆の業は、家業を守るだけでは得られない世界のひろがりを牧之に開くものであったろう。たとえば、山中の秘郷秋山を訪うて生活のほとんど原始的なのに驚き、しかしそういう不便な暮らしの中に、里村とは異なるのびやかな空間が存在するのを見出した時、牧之がおのれを慎んで家業に精出す毎日の累積から、しばし解放されていなかったとはいえない。だが家業に精出す毎日は、彼にとって決して苦しい義務、心に抑圧を加えるような強制ではなかった。一日の仕事をきちんとやり終えたというよろこびの感覚、おのれの最善を尽くしたという透明な満足もさることながら、家業に伴う細部のひとつひとつにこの人は充足を覚えたらしい。まさに「その御商売がたのしみなれば、是にますものなし」と馬琴が言った通りだった。

　牧之はとにかく手仕事が好きな人で、特に箱をこしらえるのが得意だった。十六、七の時分から五十五歳までに、瀬戸物筥、懸物箱、帳箱、重箱等およそ百七、八十個の箱物を作ったという。このほかに桶や瓶の蓋、小屛風、膳、木枕なども自分でこしらえ、手張りの傘も一度に十本くらい張った。漆塗りもしたし、家中に破損したところがあれば直ちに修理した。そしてこれがみな、活業の必要というだけでなく楽しみだったのである。むかしはこういう人は珍しくなくて、明治の彫刻家高村光雲の父も隠居してても「安閑としてぶらり遊んでいることが嫌いで」、これまた器用な人だったから、孫のおもちゃはこしらえるわ、棚は作るわ、籬《まがき》は結い直すわ、仕事のしやすいように台所を改造するわ、とにかく一家にとって重宝この上なしという人だったらしい。

こういう話を読むと、前代の人びとにとって仕事が決して労役ではなく、生命活動そのものだったことが自然に納得されて来る。労働は神聖だとか、生産は尊いなどというのではない。そんなものは近代のイデオロギーである。ただ、働くのは天の人間に与えた使命だという感覚はたしかにあった。家業は近代でいう職業ではない。それは運命が与えたその人の存在形態であって、家業に精出すのは生命活動そのものにほかならなかった。天とは運命の別名であり、天の命ずるところに従っておのれの職分に励むのは、人が人としての命を全うすることだった。ここには、かのプロテスタンティズムの天職・召命観にかなり類似した観念の成立が認められる。しかし徳川期の天職観はあくまで家を基軸として成立した。近代人にとって束縛以外の何ものでもない家は、前代の人びとにとって、おのれの生命活動を天の意志として定位するためのシステムだったといって誤らない。それゆえ人びとは家を重んじた。家のためにおのれを犠牲にする、などというのは後代の解釈である。家はおのれの生涯に意味を与え、おのれの生命活動によろこびを与える根源だった。

牧之の父は牧之が三十八の時、七十一歳で死んだ。大変きびしくうるさい人であったが、死の前日に、牧之が今生におもい遺すことはないかと聞くと、「義惣治という跡継ぎを持ちて、さらにこの世におもい遺すことない男だ」と「言舌鮮やかに」答えた。義惣治というのは牧之の通り名である。牧之のよろこびは如何様であったろう。この父親は牧之の日頃の努めようから、自分なき後もこの家が健在であるという確信が持てたのである。家が存続するというのは、おのれの生命が継がれるということだった。思い遺すことのあろうはずはない。そして、そのように父を満足のうちに逝かせるのはまた牧之自身の満足でもあった。

こういう前代の人びとのよろこびは、現代人の最も縁遠く、従って理解の困難な心性に属する。おのれの欲望や自堕落を制して、日々仕事にいそしむということが、精神に硬直や偏りをもたらす自己抑圧とみなされ、気伲やぐうたらが精神解放の早道として鐘太鼓入りで唱道されるのが現代である。だがそういう現代の眼鏡を通したのでは、江戸期の人びとが何をよろこびとし悲しみとしたかということは絶対に見えて来ない。たとえば牧之が生涯六人の妻をめとり、うち四人を離別したという事実も、今日の夫婦の観念からすれば信じがたいことのように聞こえる。

牧之は二十三の時初めて妻をめとり、二年にして離別、翌年新たに迎えた妻も二年後に離縁、三度目の妻とはうまくいったのに、五十二歳になって死別、二年後に後家さんを家に入れたが二カ月で不縁、こりずに別な後家さんを迎え、これも三カ月で追い出し、最後に入れた女がどうやら気にかなった。最初の二人の妻の離縁は「父母親類のこころにかなわ」なかったからだというが、五十代に迎えてすぐ追い出した二人の後家さんについては「内面如夜叉」だったと言い訳している。また「あの歳になってまだ淫事が深い」という世評も気になったと見え、そういう次第ではござらぬと陳弁これ努めているのもおかしい。

牧之の最初の二度の離婚の理由は親や親戚の気に入らぬというのだから、家風に合わぬといったようなことであったろう。五十代に二人の後家を入れていずれも離婚したのは、自分の好みからであるが、最初の二人の場合は、牧之自身の意向というより親のそれに左右されたのである。あるいは牧之自身、親が気に入らぬのももっともと思ったのか。それにしてもおのれの若き日に、それぞれ二年ずつ暮らしたこの女たちのことは、生涯の終わりになってどのように思い出されたものだろう。あるいは記憶はとうにぼやけて、追想にのぼることすらなかったのか。男女の結びつきというものはこの時代、今のわれわれからは想像もつかぬほど、至極あっさりしたものであったように思われる。

というのは、地方の有力者である鈴木の家の嫡男牧之にとって、結婚の第一義的な意味は、家を受け継いで手落ちなく経営してゆく上での協力者の採用というところにあっただろうからである。経営メンバーの採用である以上、採用されてのち解雇されることがあるのは当然だ。採用と解雇にその時の家の当主たる両親の意向が大きな力をもつのは、これまた当然のことといわねばならない。

それならば牧之は、おのれの意に反して愛する妻を離別したのだろうか。牧之も二人の妻も家という化け物の犠牲者だったのだろうか。明治以来、婦権論者はそのように考えている。またかの徳富蘆花は、家制度を旧時代からひきずる悪弊とみなす明治の知的風潮にのっかり、自分の観察や経験ではなく無責任な噂にもとづいて、『不如帰』という煽情的な小説を書いた。牧之にとって家は、そのような観念化された怪物ではなかった。家はおのれの幸せがそれによってこそ保証されるような血の通う生きものだった。家に合わぬ妻は牧之にとってもよき妻ではありえなかった。牧之が余暇を文筆の業にあてたのは、それが苗字帯刀を許された鈴木の家格にふさうものだったからだ。彼はまず何よりも家に生きる人であった。

牧之自身はそれでよかったかもしれぬが、離縁された嫁の方はたまったものではないと言いたい向きもあろう。こういう場合、個人の圧殺とか人権無視という言葉にすぐとびつくように、われわれの心性はかたちづくられているのだ。だが、今日における家の観念でこの時代の家を理解しようとしてはならない。江戸期においては、あらゆる家は家業をもっていた。家業は即その家の社会的責任を示すものであり、それに属する人びとの誇りの出どころでもあった。家がそのような一種の経営体である以上、嫁という新加入者が既成メンバーによって審査され教育されるのに、何の不思議もなければ不都合もない。今日会社はおなじことをやっているではないか。いったん会社に入っても、当人の勤めぶりが会社に合わぬとあれば、君はほかの仕事が向いているのではと、暗に転職を迫られることもある。かつての嫁の場合もおなじことであった。

意志に反して一方的に解雇されることはない今日の会社員と、かつての無力な嫁とを同一視するのは無茶だとお思いかもしれない。しかし、そもそも離縁を迫られるというのは、女と他の家族メンバーがうまくゆかぬということで、そのようにうまくゆかぬ家に居座っていても、不愉快であるばかりでなく、かえっておのれの将来を台無しにする。その場合、その家をおん出るのはむしろ将来を見越した得策というものだった。というのは当時、離婚歴はなんら再婚の障害にはならなかったからだ。江戸期の離婚率は相当に高い。そして離婚の結果が不幸であるとは限らぬ。『井関隆子日記』の主人公は、初婚に失敗したにもかかわらず、幸せな再婚生活を送っている。隆子は格式ある旗本家の娘だが、庶民の女の場合、一般に、一度の結婚でおのれの運命をきめてしまうのではなく、いくつか試みて最も自分に合った家に落ち着くというのが賢明で自主的な生き方であったようだ。牧之の長男伝之助の妻は夫が二十一歳で若死したあと再婚したが、その二度目の夫とも死別、三人目の夫をもった翌年三十一歳で死んだ。牧之はこの人が気に入っていて「最愛の吾家の娵《よめ》」と呼んでいる。

そもそも嫁は無力だったのだろうか。三くだり半といえば、離縁状を持たされて泣く泣く実家へ返される哀れな嫁というイメージがたちどころに浮かぶけれど、それが全くの虚像にすぎぬことを明らかにしたのは高木侃の著書『三くだり半』である。かつては三くだり半の「我等勝手ニ付」という慣用文言は夫の専権離婚、すなわち一方的追い出しを示すものと理解されていたが、高木はそれが全くの誤りであり、離婚の責任が妻ではなくて夫の側にあることを示す文言であることを明らかにした。つまり離縁状とは離婚の責任が妻側になく、別れた以上妻の再婚に異議はない旨を確言するもので、それを与えるのは夫の権利ではなく義務なのである。三くだり半は妻の請求によって交わされるものであった。

高木はまた、一方的な追い出し離婚は当時稀であって、嫁のとび出し離婚も少なくなく、一般にみられるのは関係者や長老が寄り合って協議した末の熟談離婚であった事実も明らかにしている。妻側の主張や権利は十分に顧慮されていた。さらに、夫が一方的に離縁状を与えても離婚は成立しない。妻が申し出を拒否した場合、夫は強制的に追い出すことはできず訴訟に訴えねばならなかった。妻と縁を切るために武家屋敷に駆けこんだ男の例もある。縁切り駆けこみはなにも女の特権ではなかったのである。

牧之が離縁した二人の妻も、そうしてみれば同情すべき悲劇の主人公と考える必要はない。仮に牧之の親の意向によったとしても、その親の片方はかつて自分が嫁としてこの家へ入りこんだ母親なのである。

母は権威ある存在だった。今泉みねが言っている、昔の女はふだんはごくやさしいが、事があると人が違ったようになったと。「お母さんの一言がきけることは非常なもので、いけませんというとブルブルとする、このあじわいは何ともいえません」。牧之の父は博奕を嫌い、魚沼郡で当時行われていたカルタの札の名を一枚でも覚えれば勘当するとまだ子どもの牧之に言い渡した。牧之はカルタの太鼓貮《たいこに》という最高の札一枚を覚えていて、これは大変なことになったと「驚怖」して母に嘆いたところ、彼女は立ちどころに「一枚位知ったはオレが免《ゆる》す」と言った。牧之がほっとしたのはいうまでもない。

この母は記憶のすぐれた人で、十四歳の時の伊勢詣で経廻った宿々の名を、老いても全部覚えていた。和漢の軍書が好きで、平仮名は読めるが漢字が読めぬものだから、「義惣治、今夜は仕事を休んで軍書を読め」と鼻先に突きつける。『武王軍談』『三国志』『前々太平記』『南朝太平記』『真書太閤記』等々と読み進んだが、一度しか読まぬのに彼女は人名やら地名やらをすぐに覚えてしまう。孝子善之丞物を半ばまで読んでやった翌日、文化十年九月二十九日に七十四歳で没した。その日も襷をかけて洗濯物の糊付けをしていた。

余談ながら、対馬藩の有名な儒者雨森芳洲の母は、芳洲が子どもの頃、夜中にも竹縁《べり》の上に座らせて書を読ませ、自分は敷蒲団に安座してこう言うのだった。「我は不肖なれども、女の致すほどの事は、織縫より飲食の事まで、人並に知り得たり。夫に事《つか》えて今はやもめとなれども、いまだその操を失わず。人にすぐれたる事はなくとも、今になりて飽食暖衣安座しても、恥しくは思わず。そなたは幼少にして、いまだ男のなすべき事ひとつも出来ず。勉めてその事をなしとげられなば、また我《わが》如く致さるべし」（中川延良『楽郊紀聞』）。

私が牧之の度重なる離婚歴に心うたれるのは、封建的家制度における女の悲劇などという意味合いにおいてではない。晩年にめとった二人の後家さんに至っては一種の妾奉公であるから、離縁となればとるべきものはたっぷりとったに違いないのである。私はこの時代における離婚があまりにそっけなく、いわば功利的であることに、当事者たちはそれでよかったのかと、何かわびしい気持ちにさせられてしまうのだ。

結婚に際し一生の変わることなき愛を誓うキリスト教的婚姻にくらべれば、うまくゆかなければ直ちに離婚して、何度でも結婚をやり直せばよいという江戸期の婚姻常識は、何ともリアリスティックな人性認識に支えられていて、一種の人生智とすらいってよい。だがそれは一面現実的すぎて、あまりにもわびしい認識ではあるまいか。しかもそのような結婚観は、個人の自由にもとづく今日の離婚ばやりと違って、あくまで家業の経営という要請が背景にあるだけに、現実的な分別がいっそう強く匂うのである。むろん当時も、男女は惚れ合うものであって、現実的な分別ばかりで所帯を持ったわけでは毛頭ないが、それでもその惚れ合うというのは、西洋人が神の前で誓う愛とはよほど趣が違っていた。

幕末日本を訪れた西洋人は、日本の女は真の意味での愛を知らないと感じた。この愛とはラヴ、すなわち恋愛感情を意味する。もちろん江戸娘はひと目惚れだって恋煩いだってしたわけで、でなければ「龍田川」などという落語の生まれようがなかった。代々将軍家の侍医を勤めた桂川家の七代甫周は美男で、他家を訪問すると「お台所が大騒ぎで、障子に穴があくという噂、お茶を持って行くと言って争い、順番でひとりひとりちがった人が出た」と娘のみねが言っている（今泉みね『名ごりの夢』）。娘たちは色恋にうといわけではなかった。

だが西洋人観察者の言うのは恋は恋でも、夫婦間の恋愛のことであった。彼らは日本人夫婦間に愛の表現がないことに気付いて異様の感にうたれたのである。日本では恋は未婚の男女間、もしくは婚姻外の出来事であった。所帯をもってまだ夫婦間に恋愛感情が持続するというのは異常、というより想像外のことであった。西洋人にとって現実はともかく建前上は、夫婦は愛し合うべきもので、この愛とは恋愛と同義だった。いったん神に誓った以上、恋愛は永久恋愛であらねばならなかったのである。こういう西洋的恋愛観念、初原を霊的なプラトニック・ラヴにもつ観念は、明治になって初めて日本に知られた。春を告げる鶯のようにそれを告知したのはかの『文学界』一派、とりわけ北村透谷だった。しかしこの透谷的な恋愛理念は、今日なお日本の土壌に根づいてはいない。

島崎藤村は若き日いうまでもなく透谷の追随者だったが、青春を葬送し終わって一個の自然主義小説家として自己を確立したとき、自作の主人公に「おまえは下宿屋のおかみで、おれはそこの下宿人さ」と、かみさんに向かって語らせるようになっていた。昔話になるけれども、田宮虎彦が亡妻に対する熱烈な愛、まさに西欧的夫婦愛を手放しで語った手記を発表したとき、平野謙は文学者にあるまじき感傷、偽善として痛烈に指弾したものだが、その際彼が透徹した文学的認識とは何かということの例としたのがこの藤村の一句だった。平野にとって文学的真実とは、夫婦の間柄を下宿のおかみと下宿人の関係と看破することだったのである。

戦後間もなく左翼全盛時代の話だろうが、いわゆる文学サークルあたりの若い男女間で、おたがいを高めあう愛などという文句がはやっているのを聞いて、亡き小説家山川方夫は「高めあう愛って、どんな体位でやるんだい」と皮肉ったそうだ。つまりこの国の近代文学の伝統には、西欧的な霊的恋愛という観念を、きわめて青臭く、羞しくて背筋にふるえが走るような感傷とみなす心性が強固に構造化されているのだ。西欧的な愛の観念をストレートに受容した作家を待ちうけている孤立の運命は、かの芹沢光治良のケースを見れば一目瞭然である。

しかしこの伝統は、その根っこをまさに江戸という時代に持つのではあるまいか。江戸人は男女間の関係を性愛、情愛にもとづく妥協的な結合、あくまで現実的必要に促された一種の協業関係と見る点で、愛の幻想などに煩わされることのない徹底したリアリストだった。だから彼らはこの世にたった一人しかいない恋人など想像したこともなく、事情に従って何度も結婚と離婚を繰り返した。だが、夫婦になっているのはたまたまさとでも言いたげな彼らのたたずまいに、何か吹き抜けてゆく木枯らしのようなわびしさを覚えるのはどうしたことだろうか。それはまさにわれわれが近代を知ったということにほかならない。

西欧的な霊的恋愛を青臭い感傷、偽善として軽蔑するわが近代文学者の感覚が、江戸期の日本人の心性と通底しているのは疑いないとしても、彼らとてあの江戸人の淡泊な、あえて言えば突き放したような夫婦観に、そっくりそのまま安住しておれるものではあるまい。ましてや、達観した文学者的眼力など持ち合わせぬわれわれにしてみれば、夫婦は下宿のおかみと下宿人みたいなものさとは、実態はそうであったとしても観念しにくいのではなかろうか。それには何よりも、われわれが家業というもの、その担い手としての家というものを喪っているという事情の影響が大きい。われわれの場合、結婚は家という経営体の新人採用ではなくて、個人間の性的結合であり、その結合に永続性が要請される以上、人格的な愛に関する何らかの幻想は、いかに平野や山川に嘲笑されようとも最低限度必要なのである。

近代が到来したというのは、おのおのが自己の人格を自覚した個人にならねばならぬということを意味した。個であるがゆえに人は、おのれが家の一員であった時には必要としなかった近代的な愛の幻想を追い求める。われわれが鈴木牧之の前後四回の離婚歴になにか釈然としないのはそのためであろう。われわれの眼には、江戸時代の夫婦というものがかなり情の薄いもののように映る。むろん彼らの間に連れ添うものの情愛があったのを疑うのではないが、当然あるべき深い精神的な絆が欠けているように思えるのだ。『東海道中膝栗毛』は戯作ではあるけれども、その発端の章を読むと、仮にも夫婦であったものがそんなにあっさりと別れてよいものかと、違和の念に捉えられてしまう。結婚を人格的結合とみなし、その核心に情熱的な恋愛を仮定するのは近代の発見である。発見は前代に対するひとつの優位性である。だがそれは愛の幻想に捉われて苦しむことでもあった。江戸人はそのような苦しみを知らなかった。そしてこれはとりもなおさず、江戸という前代の現代に対する優位性なのである。

話を牧之の一生に戻すと、家業の重みを担い通すことが現代人の考えるような苦業ではなく、牧之の一生を意味づけるよろこびだったことを認めるにせよ、それがある種の束縛であったことは否定できない。しかし家業とは、もっと自由で奔放なものでありえた。少くとも川渡《かわと》甚太夫という男の一生は私たちにそう教えてくれる。

甚太夫の家は若狭国三方郡久々子《くぐし》村で農業のほかに金貸し、商業、漁業などを営み、身分は庄屋などの村役人ではなくただの百姓にすぎないけれど富裕だった。代々甚太夫を名乗ったが、ここでとりあげるのは文化四年に生れ、明治五年に死んだ八代目甚太夫である。この男は少年の頃から機才あり、一生を通じてその才をいろいろな方面で存分に発揮した。

とにかくこの男に頼めば何とかしてくれると思わせるものがあったのか、三十一歳のときに若狭藩御用金の調達を請け負い、伝手から伝手を介して、紀州藩熊野三山貸付所（奈良）からみごと二千両を借り出して面目を施した。彼自身も六十両の手数料を得たのである。続いて鯖江藩から二千両の調達を依頼され、大津の豪商の応諾をえたが、藩役人の交替があって、この金は彼を素通りして鯖江藩へ入り、ただ働きに終った。

ちなみに熊野三山貸付金というのは、三山には寺領がないため、徳川吉宗の下賜金二千両を元手に領民に貸付けを行い、その利子で三山の維持を計ったもので、その管理は紀州藩の行うところだった。この事業が文政十二年に拡大されて、江戸藩邸に三山貸付所が設けられ、大名・社寺・町人相手に金融を行い、続いて京・大坂・奈良などにも貸付所が置かれ、当時の一大金融機関となった（安藤精一『和歌山県の歴史』）。甚太夫はこの出現して間もない金融機関を早速利用したのである。

しかし彼を一個の男伊達として引き立たせたのは、何といっても久々子名産の鰻を京へ輸送した一件である。もともと久々子の鰻は京への販路が通じていたのだけれど、京の買い手が破産したり、輸送の道々で妨害が入ったりで、このところ販路が塞がっていた。困った漁師たちに泣きつかれた甚太夫は、さっそく京までの輸送路の実情を調査し、要所要所に打つべき手を打った上で、初荷を宰領して京へ向かった。もともと甚太夫は先の御用金調達のときもそうだが、ことをなし遂げる上で人脈を重視し、要になる人物にそれなりの手を打って、十分の下ごしらえをする人であったから、道中何の滞りもなく終るかと思った矢先、京への入口でとんだ故障が生じた。茶屋で博奕をしていた二条家の中間十八人が、若狭の鰻が来たというので、あがり鰻（途中でのびてしまった鰻）をもらおうと出て来たのである。

あがり鰻が四、五本あればくれと言うから、ないと答えると、今度は生きのいいのを売れと言う。届け荷だから売れぬと答えれば、何をと凄んで十八人丸裸。体中すき間もなく入れ墨している。何だかんだの言い合いの末、首領らしいのが「お前が若州《じゃくしゅう》の男伊達なら、おれは京の男伊達。たがいの顔が立つように二束だけでも売ってくれ」と言う。そこで甚太夫「男が男に惚れられたほど憂きものはない。先年より鰻を京へ登らせていたのに、貴公らのような男伊達がいて道売りしていたから、商売がうまく行かなくなったのだ。この度拙者を見込んで宰領を頼まれた以上、売るわけにはゆかぬ」とはねつけて、今や争闘となろうとした。時に道の両側には数百人の人出、さらには家の二階から屋根、中には立木にまでよじ登って成り行きを見まもっている。そこに土地の顔役が現われ、「若州の言い分もっとも。あとは自分にお任せあれ」とその場を収めてくれた。この男、「男が男にほれられたほど憂いものはない」という甚太夫の科白が気に入ったのである。無事京のいけすに鰻を届けた帰り路、くだんの場所を通れば、若州の鰻屋が二条様の部屋者十八人をひとりで全部投げ飛ばしたと、とんだ評判になっていた。

こののち甚太夫は京の色街でいい顔になったり、久々子湖に魞《えり》を立てて漁をする権利を藩から買い取ったり、しかし結局その事業に失敗したりで、四十二歳になると船を買い入れて自ら北前船の船頭となった。この廻船業は何だかんだの曲折があった挙句、二十年の長きにわたって続いた。しかし慶応四年、結局は破産。晩年は寂しいものだったと伝えられる。

江戸という社会は士農工商の職分によって成り立っていたといわれる。しかし、この男の職分はいったい何だったのだろう。船頭という仕事がよほど気に入っていたのは、「日本国中嶋々浦々まで見廻り候は金銀にも替え難きほどの事なり」と言い、「人間一代わずか六十年の常命と思い候えば、諸国を廻り、神社仏閣を拝礼致し、名所旧蹟を見物致し候えば、未来永却のみやげにも相成り候」と述べているのでわかるが、さりとてそのために船頭になったのではなかろう。やはり北前船のもたらす巨利にひかれたに違いないが、それはまた難船その他大きなリスクの伴う事業で、そのリスキーなところがこの男の性に合ったのかも知れない。本性はやはり事業家で、久々子湖に魞を立てたのも巨利を見こんでのこと。魞を立てられては漁が立ち行かない漁民たちが反対しても、そんなことはこの男の眼中にはなかった。

江戸時代の平民にはこんな一生もあったのである。牧之のように子どもの時から顔見知りの人々に囲まれて送る一生があれば、廻り舞台のように鮮やかに場面転換をやってのけ、北は松前まで足を伸ばす一生もあった。庶人に課せられた身分制度の枠など、この男の場合かけらも感じられない。江戸という時代はこの男がおのれの志望を十分に遂げるのに、何の障害も設けてはいなかった。見たい夢を見、やりたいことをやるのに、この男は何の不自由も覚えていない。藩や藩士は必要な場合認可をとったり、あるいは事業の上で利用し合ったりするお役所でありお役人にすぎなかった。このような認可や利用の関係は、現代人とても官庁との間に持っているのだ。

家業といえば、武士の場合はどうだったろうか。川路聖謨は日記や遺書の中に、武士は「人殺し奉公」だとはっきり書いている。その自覚があればこそ、彼は毎朝起きぬけに剣の素振り、槍の素ごきを何千回と行ない、月に数度は甲冑を着こみ、大刀を帯び、鉄砲を担いで二里から三里の歩行を試みる習慣を、老境に至るまで廃さなかったのである。彼は主に財務・行政・司法畑を歩いた吏僚であるのに、いやそれだからこそ、奉公の主眼は武にあるという覚悟を日毎心に刻みつけていた。

彼が日頃子や孫に倦むことなく言い聞かせていることがふたつあった。ひとつは川路家は「取り立て者」だということである。彼の父内藤吉兵衛は江戸の浪人で、つてがあって日田代官所の属吏となり、やがて江戸に帰って御徒士という最下級の幕臣となった。聖謨は十二歳のとき川路家へ養子に入ったが、その家も九十俵三人扶持の御家人だった。しかし聖謨は努力と才能によって評定所系の吏僚として立身し、最後は勘定奉行の栄職につき、世禄五百石を受けて、その出世ぶりを「今太閤」と称されるに至った。これはすなわち将軍家の御恩である。日々精励して御恩に報じなければならぬのはもちろん、破格の抜擢を受けた身として、常日頃おごることなく謙抑と節制に努めなければならない。代々五百石を戴いて来たお歴々の家柄と同じに思ってはならぬのである。この言一見卑下に似ながら、実は才幹によって殊遇を受けた者の自尊を表わしている。

もうひとつは百姓の苦労あっての侍ということである。彼は若い頃から藩境の出入りを解決するために江州へ出張したり、用材調達のために木曾の山奥に小屋掛けして六十日も泊りこんだり、さらには佐渡奉行・奈良奉行などいわゆる遠国《おんごく》奉行を勤めたりして、百姓の苦労についてはかねてつぶさに知るところがあり、自分ら侍がいただく世禄米の一粒一粒が、彼らの辛苦の所産ならざるはないという事実をつねに銘記していた。栄耀やおごりにふけることがあれば天罰は免れがたい。いや格別贅沢をせず質素を心がけていてさえ、出世につれて暮し向きが上ってゆくのであってみれば、このような結構な毎日が百姓の辛苦の上に築かれているのが空おそろしい。仮に自分の代でなくても、子孫の代には必ず天罰が下るであろう。それを回避するには、武士の本分を尽すしかない。その本分とは日々武芸と学問を怠らず、御用に精励し、いざという時は討死することである。彼はこのことを子や孫に、口が酸っぱくなるほど説いて倦まなかった。

こういう人物であってみれば、その一生の内実は家庭生活も含めてさぞかし固苦しいものだったように想像される。ところが実際はその反対で、彼の言動はつねに洒落っ気にいろどられ、その家庭生活には情愛と笑が溢れ返っていた。そういう彼の私生活を知るには日記を見るに如《し》くはない。日記といっても、『島根のすさみ』、『寧府紀事』、『長崎日記』、『下田日記』は、江戸の留守宅の人びと、特に実母を慰めるため、日々の動静を知らせたものであり、『千里飛鴻』、『東洋金鴻』は任地にある嫡孫太郎におのれの毎日を書き送ったものである。

なかでも特に『寧府紀事』は赴任先が閑地の奈良ということもあり、なによりも養父母、妻さと、二男市三郎を伴っての赴任であって、任地で家庭生活が営まれたために、夫として父としての聖謨の実像を赤裸々に語るものになっている。任期は弘化三年から嘉永四年まで、五年三ヵ月の長きにわたった。

聖謨は自分が旅先からわが家に日記を送ったばかりではなく、家族たちにも日記をつけて自分に送らせた。手紙には無用な感傷がはいりこみ、心緒を乱すもととなるからとて、手紙の代りに日記をやりとりしたのである。『寧府紀事』の読み手は江戸の留守宅に在る実母、長男弥吉、その妻しげ、弟で井上家を継いだ新右衛門等であるが、主な目当ては実母の心を慰めることにあった。そもそも旅先から日記を送るのも、『島根のすさみ』（佐渡奉行時代の日記）に明記したように、母をよろこばすための「おとぎごころ」だったのである。しかし、奈良には学問や政事について語り合うような相手はひとりもいなかったので、日記には勢い弥吉、新右衛門相手の議論が交じることになった。これは他の日記にはない『寧府紀事』の特色といっていい。

ついでに実母についていうと、これは聖謨の最愛の人だった。というのは、聖謨の育つあいだ内藤家は貧窮の底にあり、そのなかで聖謨の成人に望みを託した両親の心を最もよく知るのは聖謨自身だったからである。実父がすでに世を去ったのち、恩愛にむくいる相手は母しかいない。彼は官途につくと母を引きとって同居し、養父母のためには別棟を用意した。彼は実母にも奈良に来てほしかったが、彼女は江戸を離れるのを好まなかった。半ばおどけ心からだろうが、彼は「何故に母上はわれをきらいて江戸に御のこりありけむと御うらみ申し上ぐるなり」とまで書いている。と言って、彼は今日はやりのマザコンだったのではない。きわめつきのしっかり者で、時には老獪と評されるほど練れた人物だった。これが現代人とちがって江戸人の面白いところである。

さとは良妻であった。そればかりでなく、聖謨は彼女をしんから好いていたらしい。その証拠に毎日のようにさとのことを書いている。むろん昔の人だから愛の言葉など記す知恵はないが、奉行所の庭に出て二人で月や蛍を賞でたり、あつあつとまではゆかぬが、結婚して八年にもなるのに仲々の睦まじさなのだ。さとには聖謨が「げろげろ」と称す持病があった。嘔吐が周期的に起るのである。「おさとのげろげろ」は日記の主要題目のひとつである。聖謨の妻に対する心が熱かった証拠であろう。こんなに毎日さとのことを書いて母が嫉妬しなかったろうかと心配になるが、この母は息子の嫁を心から可愛がるので、聖謨のことを婿養子のようだという者もあったらしい。聖謨の最初の妻エツは婚後二年にして病没したが、臨終の床で聖謨の母に向い、「母上へ今世にて御礼のいたし方なく候。せめては幽霊になりて御礼申し上げたし」と言ったというから、余程感謝の念が深かったのだ。ついでながらこの時母は大いに驚いて、「その儀はことわる、ことわる」と手を振ったということだ。

　聖謨は生涯四人の妻をめとり、妾を二人抱えた。まさに鈴木牧之の場合とひとしい。前記したように最初の妻とは死別したのだが、次に迎えたやすは婚後十二年たって離婚した。彼女は嫡男弥吉のほか二女を産んでいたのだから、これはよほどのことだった。彼自身が遺書にその事情を書いている。「市川氏（やす）才気ありて、いわゆる男まさりの女にて、かつ殊に母上開闔院様の思召《おぼしめ》しにも叶いたれば、家事等すべてまかせ切りなりしなり。わが勝手向宜《よろ》しく、用人・侍・下女等召仕い候に随いて、妻の勢い段々つのり気ままになり、捨て置きがたく候て、児の三人ありしを離縁せしなり」。次にめとった高橋氏の娘は、おとなしくて悪いところもなかったが、何しろ下女の取り扱いも出来かねる風だったので、これまた「余儀なく離縁」。持参の衣裳はむろん、再婚の含みで金子《きんす》も持たせてやった。四度目に迎えたのが大越さと。これが当った。しかし子は生れなかった。次男市三郎は妾腹。生れたのはやすが妻であった時である。別の妾からは二人の男子が生れた。これは聖謨が六十歳をすぎての子である。

　聖謨の結婚歴を見ると、江戸時代の結婚とは試行錯誤的に何度でも離婚・再婚を繰り返して、もっとも適当な相手を見つけて落着くというていのものだったことがわかる。女にしても、貞女二夫にまみえずなどということはなかった。聖謨の長男が病死したあと、川路家は長男の妻の再婚に骨折っている。

　聖謨がおさとを奉っていたのは間違いない事実だ。長崎でロシア使節に、わが妻は江戸随一の美人なり、早く交渉を終らせて顔が見たいと語ったのは冗談だったにしても、奈良奉行の時、情夫が殺された一件で、当の女が白州に引き出されたのを見ると珍らしいほどの醜婦だったので、「これにて人一人死せしやと大いに感あり」、白州から帰っておさとの前に膝行し、礼拝して大いにうやまってみせたというのを見ると、持ち前のおどけ癖ながら、本音は幾分妻のろに近かったのである。おさとが驚いて「狂気でもなさったのか」と言うのに、「いやいや、なかなか左にあらず。実は今日かくかくの次第なり。かかる女に命捨つる者もあるかと思えば、今までわが婆のまんじゅうの干《ひ》もの、鮪のすきみなどと言いしはいともかしこく、あらありがたや、もったいなやと、天にも地にもあらずかかを貴《とおと》く思えば、かくうやまうなり」と答えると、一座の者がたまりかねて吹き出した。

　このように妻を愛しながら、その後妾を抱えて二児を産ませたのだから、昔の武士のならわしは得心がゆかぬという向きもあろう。しかし聖謨はかなりの女好きで、そのことを人に隠そうとはしなかった。むろん女に関して行いが乱れたことはなかったけれど、性に関する冗談はこの人行住座臥のことだった。長崎でロシア人と交渉した時も、雰囲気を和らげるためだろうが、しばしば女の話題を持ち出して交渉相手のゴンチャロフからシニックと評されている。ロシア人の中に美少年を見つけると、呼び寄せて「もう女を知っているか」と問う。少年ははにかんで顔を赤らめたとのことだが、この人は相手の心にはいりこむ手段として性を話柄とするのである。『寧府紀事』にもエロティックな話がしばしば録されている。

聖謨が妾を抱えたのは、おそらく欲望が強かったからではあるまいか。彼は『寧府紀事』の中で「房事もおびただしくしたく候」と書いている。このあと、しかし「老母のありて五十近き身」、慎んでいるからご安心をと続くのだが、つまりはおさとさんがよほどよろしかったのであろう。それにしても、こんなことを母に書いてやるのだから、当時の性についてのこだわりのなさには驚く。しかし驚くのはまだ早い。彼はおさとさんとの房事の回数を、今月は二度、三度と母に告げ知らせているのだ。そんなには致して居りませんからご安心をという意味なのだが、まったくどうなっているのかと言いたい。しかし、このあけすけなところが、この人の真骨頂であり魅力でもあった。この人は天性のユーモリストで、白州でも冗談、駄じゃれを連発し、列座の与力たちが笑うわけにはゆかず、窮して顔をわきに向けるほどだった。『寧府紀事』（日本史籍協会叢書）の解説者が、「彼が若し素浪人の子で終ったら、或は戯作者として結構生活したかも知れない」というのももっともである。察するに、性は彼にとってユーモアの領域に属する事柄であったようだ。

しかし、おさとは病弱であった。おさととの房事が月に二、三度に減ったことを述べて、「おさと病身にて難渋多く、断わられ候義あり」と彼は書いている。のちに妾を容れたのは、ひとつはそのこともあずかったかもしれない。

性に関する聖謨のはばかりのなさは、例をあげればばきりがない。円照寺宮に伺候したとき、おつきの老尼が聖謨の指に槍だこがあるのを見て、「あずま男には指にさえたこがある。人知れぬところまであのようならばさぞ味がよかろう」とよだれを流したそうだと母に書いてやる。まったくわるい人だ。また家来の高村俊蔵に、まだ五歳なのに大人を驚かせるような利発な娘がいたが、その子が遊びに来ると「汝は春気にてそめが俊蔵に抱かれて寝るを知るや」とからかう。そめは俊蔵の妻である。少女は「それはマアよろしゅうございますが、御前《ごぜん》のおつむりに怪しからぬフケが見えます」と「まきちらす」。性の話題は女性や子どもが相手でも、平気でできるのがこの時代の雰囲気であった。

さとという人は心がこまやかで、細事によく気のつく人だった。病身なのは、ひとつはそういう気遣いがすぎるからだと聖謨は思っていた。二男の市三郎は間の抜けたところのある男で、聖謨は彼が奉行の子だというので若様扱いされるのを甚だ嫌い、きびしすぎるほどしつけるように心掛けていた。食物も好き嫌いを言わせぬようにしているのに、さとは市三郎の好むものを自分の好物といつわって作ってやるのである。本を読むのが好きで、あるときは仮名本で読んだと言って、北条泰時の人物を論じ、聖譞が泰時を弁護するのに対して、「不智不忠」の人と責めてやまない。聖譞は答に詰まって、日記に「この人近来道理の論いたってやかまし。みな病の本となるなり」と書きつけた。

　聖譞は毎朝、棒を振るやら槍を遣うやら、その上居合いを抜いて二百ぺん以上「飛びはね」をする。さとはその音で目をさますのである。あまり機嫌のいい日はないが、よければ市三郎に冗談など言っている。夕方は養父母のもとへ行って、少々酒をいただく。八時頃からは炬燵に入って胸や腹を揉んだり、ごろごろしている。その上、市三郎までごろごろしているので、わが家はまさに「小石川養生所」である。「われ歌をよめば心配し、詩を作れば心配し、市三郎が鴨を逐わば心配し、かかることはみな落涙なり。されども飯の数などはかわらず」。ある時は松茸飯を五杯たべたので、聖譞は一驚した。彼女が三杯までしかたべるのを見たことがなかったのだ。奈良は松茸が大量に採れるところだった。

　聖譞が奈良に赴任した年の九月、長男弥吉が江戸で病死した。二十二歳であった。弥吉は聖譞がわが子ながら一目置くような落着いた人柄で、あととりとして申し分のない資質の持ち主であったので、聖譞の期待はただならぬものであったのに、ふと病みついてあっけなく世を去ったのである。聖譞の悲しみは言うまでもないが、彼の実の母を十二歳のとき離別したのがとくに痛ましく思い出された。弥吉は聖譞の迎えた後妻に「一度もかどかどしくもの言いしこと」がなかったのである。

日記に記された聖謨の悲傷の念は当然として、驚かされるのはおさとの悲しみぶりである。十四歳から育てたというから八年間の縁である。浅くないといえばいえる縁ながら、実子ではないのに、こんなに悲しいものだろうかと思えるほどのうちしおれ振りなのだ。子がないせいもあったろうけれど、おさとはもともとそういう人柄であったようだ。

二男市三郎は学問ぎらいで、この頃あまりふくれなくなったと聖謨が書いているのを見ると、課業にふくれることがしばしばあったらしい。奈良へ来たのは十五歳のときである。聖謨の気に入らぬ息子だったといわれているけれども、出来が悪いだけ気になる子でもあった。日課をちゃんと果さぬので、「彰常（弥吉）は七、八歳のころより少しも偽りを言わず。たとえば三十枚習いしと言いて白紙を見すれば三十二、三枚あり。汝はしかるに成童のとしを経ながら、彰常七、八歳の時に及ばぬか。あわれ、わが家は衰えにけり」と説教したら、思わず涙が出た。脇でおさとも泣いている。これは市三郎がかわいそうで泣くのである。

しかし市三郎は人を笑わせる子であった。あるとき「神功《じんぐう》皇后の御世に生れるとよかった」と言うので、「それは三韓征伐にお供したいからか」と聖謨がたずねると、「いやとよ、その頃は日本に書籍と字となかりしと聞かば、われらごときは楽々と暮らすべし」と答える。「近頃の奇説」で、「一同絶倒」した。彼の間の抜けた言動は家中に明るい笑いを撒き散らしたのである。

市三郎はよく屁を放った。これは親ゆずりで、聖謨の「大放屁」も奉行所の名物だった。ある時床の中で例の大放屁を放ち、あまりの心地よさに最後の最後まで放とうといきんだところ、便を洩らして家中が大騒ぎになった。「われ四十七にして小児のこころあり」と日記に記している。しかし、市三郎のそれは聖謨のとは違って、とにかく臭い。

奉行所の裏山にはよく狐が姿を現わす。池の水禽をとろうというのだ。ある日庭に出たら、狐が自分を見て飛ぶように逃げたと市三郎がご自慢である。その後稲荷の社《やしろ》で狐たちが語り合っているのを聞くに、市三郎の屁をおそれる声しきりだったという噂が立った。あるとき聖謨が儒生と対話していると、やたらに目をこする。気がつくと臭気があたりに漂っている。次の間の市三郎に「屁は汝か」と言うと「然り」とのこと。屁が目にしみるとは初めて知った。炬燵の中でだけは屁をふるなと禁じておいたところ、ひそかに掌のうちに洩らして炬燵の外へ放つのをおさとに見つかった。おさとが父上に申し上げますよと戯れる。このことを聞いた聖謨、日記に「この訴えを裁きなば真の御なら奉行なるべし」と書いた。この世にいたちや狐がいなければ、市三郎のごときは天下無類の屁ではないかというのが彼の感想である。

市三郎は宝蔵院に入門して槍を習い始めた。この方は学問よりずっと性に合ったらしい。奈良に来た翌年には、聖謨がいっしょに走りくらべをすると、市三郎の方が早く息が切れた。この子は虚弱なのだと聖謨は悲しかった。しかし三年目には、聖謨の着物のゆきが足りぬ肩幅になっていた。腕も聖謨より五分ほどふとい。聖謨にしばしば説諭されるのは今まで通りだが、逞しい若者にはなったのである。聖謨はこの子に不満ながら、よいところは見ていた。これは江戸に帰ってからのことだが、夜うわばみに組み伏せられた夢をみて、うなされてめざめたら、市三郎の太い脚が腹に乗っていた。たたき起こすと、恐縮して謝ったが、夜着から大事なものがのぞいている。憎めない子であったのだ。

「寒気再びゆるむ。奈良市中風邪多《さわ》に行わる。さりながらわが風邪少々ばかり、他に病めるものなし。おさとまず健やかなり。この日記をしるす。四ッ半（十一時）なるべし。おさと火鉢の脇にて鴨を煮る。左衛門尉（聖謨）詩作の清書をしながらそれを食う。酒小猪口《ちょこ》にただ五ッなり。おさと二ッ。一合の酒大いにあまる。市三郎いまだ手習なり。残り物をつかわす。よく食す。おりおり雪隠へ行き、大放屁雷のごとし。これこの頃よりの躰《てい》なり。両隠居様のうち、父上の御いびき、おそれながら市三郎の屁と声を同じくす。下女みな起って針、また髪を結う」。弘化四年十二月五日、奉行宅の夜はかくして更けた。お奉行の家庭生活はこのように肩肘張らぬものだったのである。

聖謨は幕府瓦解のときピストル自殺を遂げた。徳川家に殉じた唯一の幕臣と言われる。さとは明治十六年になって、『ね覚めのすさび』と称する回想記を書いた。聖謨に対する敬慕溢れる文章である。聖謨の初七日に大正寺の墓に詣でた。「道すがら上野の山、時知り顔に咲く花は匂えど、世の中春ならねば見る心もなし」。新墓にしきみの花を供えてぬかづき、在りし日のことや変りゆく世を訴えても、ただ吹く風の音が聞こえるばかりだったと彼女は書いている。

7 風雅のなかの日常

当時の人びとの暮らしよう、とくに庶民のそれがいたってシンプルだったのはいうまでもない。そのことはまた、心根がシンプルであるのを意味した。高村光太郎の父高村光雲は明治彫刻界の重鎮である。嘉永五年の生まれで、御一新の際は数えの十七だったから、旧幕時代の暮らしについては十分語る資格があった。その光雲が次のように回顧している。

「現代《いま》ではただの労働者でも、絵だの彫刻だのということが、多少とも脳にありますが、その頃はそうした考えなどは、全くない。早い話が、家のつくりのようなものでも、作りからして違っている。今日ではドンナ長屋でも床の間の一つ位はあるけれども、その時代は、普通の町人の家には床の間などはない。住居でも、衣食のことでも、万事大層手軽なものであります。何でも手に一つの定職を習い覚え、握りっ拳で毎日幾金《いくら》かを取ってくれれば、それで人間一人前の能事として充分と心得たものです」(『幕末維新回顧談』)。「どうもこの頃の職人の生活などはすこぶる呑気なもので、月に一両二分もあれば親子五、六人は大した心配もせず、寝酒の一合ずつは飲んでいけた。そばが十六文に寿司が八文という御時世だ。職人なんかの住む九尺二間の棟割長屋、今のバラックのお隣のようなものではあるけれども、一月八百文出せば大屋のはげ頭などにはビクともいわせなかった」(『戊辰物語』)。

もちろん町内というものがあって、当時の人たちの暮らしはその範囲内で完結していた。「源空寺門前という一町内には、床屋が一軒、湯屋が一軒、そば屋が一軒というようにチャンと数が制限され、その町内の人がそのお華客《とくい》で、何もかも一町内で事が運んだようなものでありますす。で、次の町内のものが、その床屋へ飛び込むと、変な顔をして謝絶《ことわ》ったりしたものです」(『幕末維新回顧談』)。床屋は町内の寄り合い所であり遊び場だった。客は今と違って通りの方に向いて座っていた。床屋だけではない。雷も町内の専属だったのである。岡本綺堂はその捕物帳の一節に、「浅草三妙町の雷が尾張屋という米屋の蔵前に落ち」たと書いている(『雷獣と蛇』)。雷にも戸籍があったのだ。

手職をひとつ習いおぼえ、「握りっ拳」でその日一日の生計を立てればそれでよいという生活、暮らしに必要なものというのがいちじるしく簡素かつ少数で、価格も低廉であるがゆえに、まっとうに働けば寝酒も飲めて、それ以上思い煩うこともない毎日、町内が完結した小宇宙で、祭りの相談、婚礼の世話、夫婦別れの仲裁等々、町内のあらゆる慶弔、もめごと、楽しみが髪結床で話し合われ、そこで髪を結う人びとはみな通りの方を向いて、道往く者たちと声を交わしていた世界、そしてこの世との別れという人生最大の悲嘆であるべきことも、春には花が咲き、秋には落葉が舞うような自然なこととして、淡々と受けいれていた心性——そういうものの内実を想像するのは、今日のわれわれにとっておそろしく困難である。

自分の一生を南京花火にたとえた篠崎仁三郎の言動をとりあげてみたのは、前代の庶民のそういう心的宇宙にいくらかでも光を当てようとしてのことだった。だが、仁三郎の例は、ふつうの庶民の心のありようを推し量るには、魚市場の名物男というにふさわしく、あまりにも狂的な衝迫にとり憑かれすぎた生き方なのかもしれない。死ぬまで鰒を食うなどというのは、仁三郎が毒に当たってひっくり返っている有様を見た者が、「馬鹿どもが。ほかに食うもののない訳じゃなし」と嘲ったように、通常人からすれば笑うべき空元気だったのであろう。

ふつうの人びとはもっと律儀で堅固なわきまえの中で生きていた。高村光雲の父は、家の事情から身につくような職をおぼえなかったのを一生の恨事としたということだが、光雲が文久二年、十二歳の春に彫刻師に弟子入りした際、「一度師の許へ行ったら、二度と帰ることは出来ぬ。もし帰れば足の骨をぶち折るからそう思うておれ」と訓戒した。数年後、江戸で打ち壊しが続いて物情騒然となった折、光雲は親のことが心配で家へ帰った。父親の怒ること、まさに足の骨をぶち折らんばかりで、光雲は平謝りに謝って許されたとある。

私はべつに光雲の父の、中江藤樹の母を想わせる烈母ならぬ烈父ぶりに感心するのではない。光雲の父はただ息子に、一人前の職人になってほしかっただけのことである。病身の親を抱えていたばかりに年季奉公をする暇のなかったこの人は、手に職のない自分の惨めさを息子に味わわせたくはなかったのだ。生きるというのは遊びごとではなかった。十二歳というのは男の子が奉公に出る歳であった。今でいえば小学校六年である。年季奉公が十年、礼奉公が一年、それを勤めあげてやっと一人前、「それも勤めあげないものは碌でなしで、取るにも足りぬヤクザ者として町内でも擯斥されたものでありました」と光雲は言う。光雲の父を烈父などというとおかしいのは、この挿話が当時における生きることの切実さを語っているにすぎぬからである。しかし奉公はつらいばかりではなかった。

十五、六歳になった光雲は、師匠からあてがわれる仕事ばかりでは面白くなくて、ある日鼠を彫った。店先の棚の上に置いて眺めているうち、用を言いつかって鼠のことはそのまま忘れた。用をすませて店へ帰ると、主人が今日は蕎麦の大盤振る舞いなので、好きなだけたべろと言う。好物なのでただちに啜りこんでいると、まわりの者がみんな笑う。実はこの蕎麦、光雲少年の彫った鼠が化けたのであった。少年の留守中、棚の上の鼠の出来栄えに感心した客がそれを所望したのである。師匠は少年の所業を咎めず、その金で家中に蕎麦を振る舞ったのだった。鰹の季節、昼食に刺し身がついた。一人分では食いたりぬ少年、師匠夫妻の分が鼠入らずの中にはいっているのまで失敬し、太根の切れ端に猫の足跡を彫り、かまどの灰をなすって板の間に足跡をつけておいた。すっかり犯人にされた猫は手痛いお仕置きを受けたが、このことは長く少年の心に残り、六十一の還暦を迎えるまで鰹の刺し身はたべなかったというから、むかしの人の心は律儀で柔かい。

光雲が弟子入りした師匠の家は「師弟平等主義で、上下の区別を立てず至極打ちとけた家風」だったとのことだが、当時の奉公というものが一般的に、光雲の場合のようにのどかなものだったかどうかは保証の限りでない。しかし短命で単純で、打ち揚げ花火のようにはかない当時の庶民の暮らしというものは、その実、ゆたかな喜びと楽しみで彩られていたようだ。

光雲は『幕末維新回顧談』の中で自分が奉公していた頃の浅草について語っている。また河野桐谷編『史話・江戸は過ぎる』でも、二回にわたって浅草を語り、この方は前者よりもさらに詳しい。

金龍山浅草寺を中心とする東西南北を語ることは光雲にとって、まさに町々に並ぶ店の数々を語ることであった。老境に入っての回想であるのに、町並みの描写は微に入り細を穿ち、通りの店舗を一軒一軒、しらみつぶしに挙げているのではないかと思えるほどだ。おどろくべきことに、屋号も全部憶えている。浅草は慶応元年の大火で焼け尽くしたのだから、これは光雲十四歳の時までの記憶なのである。

「雷門に接近した並木には、門に向って左側に山屋という有名な酒屋があった。その隣りが遠山という薬種屋、その手前に二八そばですが、名代の十一屋というのがある。それから駒形に接近した境界《さかい》にこれも有名な伊坂という金物屋がある。右側は奴の天麩羅といって天麩羅茶漬をたべさせて大いに繁昌した店があり、直ぐ隣りに三太郎ぶしといった店があった。これはお歯黒をつけるには必ず必要の五倍子《ふし》の粉を売っていた店で（中略）、その手前に清瀬という料理屋（中略）。その横町が、ちっと不穏当なれど犬の糞横町」並木町だけでこの調子。しかもまだ終わらず、このあと四行続く。並木町はほんの短い通りで、浅草のごくごく一小区画にすぎぬ。駒形、諏訪、黒船、広小路、以下えんえんと店舗廻《めぐ》りが続く。

光雲が徒弟として住みこんだ家は浅草諏訪町にあった。「私はまだ子供の事とて、師匠の家の走り使いなどに、この界隈を朝夕に往復し、町から町、店から店と頑是もなく観て歩いた」と言い、またそのために「その頃の景物がまことに明瞭《はっきり》とよく、今も記憶に残り」、「こうして話をしている中にも、まざまざと町並み、店々の光景が眼に見えるようにさえ思われて来る」と述懐するが、浅草界隈の町筋の店々を一軒一軒細密画風に再現する記憶力は、とてもただごととは思われない。それは造形家としてのこの人の眼の確かさにも関わることだろうが、私にはそれよりも、少年と町並みとの深い親和を示すことのように思えてならない。つまり町筋ごとに現れる店々は楽しく面白く魅力にみちていたばかりでなく、ひとりの人格のように少年の心に馴染み、はっきりと刻印を残したのである。

まさにそれはわが町であった。そこで生き、呼吸するわが町であった。共通の生命のリズムが少年と町並みをつなぎ、そこに生まれる物語を少年は生きた。伊坂という金物屋は「ちょっと綺麗なおかみさんが店に立膝をして坐っていて」、その姿見たさに職人たちが集まるのだった。川増という料理屋の繁昌ぶりは、店の火鉢を担ぎ出して持ち帰った客がいたのに、それに気づかぬほどだった。越後屋という鰌《どじょう》屋は食い逃げをつかまえると、裏の井戸で水を汲ませて放免するのがしきたりだった。

明日を思い煩うゆとりもなく、その日一日を無事に過ごして、ただ一合の寝酒があれば満足とするような生活、万事町内で用が足り、「近いうちに公方様と天朝様との戦争があるんだってなあ」と、湯屋で手拭を頭にのせて話し合うようなのんきな暮らし、そしてその時が来ると、観念したようにさっぱりと死を受けいれた生涯――そのようなシンプルな庶民の世界にも、われわれに覗い知れぬよろこびもあれば充実もあった。そのひとつ、それも大切なひとつが、自己と生活空間とをつなぐ親和だったのである。

光雲の父は晩年は楽隠居の身分となったが、元来手先が器用で人形や玩具を作るのが巧みな人で、還暦をすぎていろんな虫の細工物をこしらえ始めた。バッタやら赤トンボなど、本物そっくりに作りあげると、浅草田圃へ行って葦の葉をとってきて、それに虫をとまらせて悦に入っていた。そのうち、それを人出のある所へ行って並べてみると、通りすがりの者が買ってゆく。老人はその売り上げでお土産を家に買って帰るのが娯しみだった。老人にとってこれは商売ではなかった。自分の趣向を人様がよろこんでくれるのが嬉しいのであり、またお土産を家に持って帰るのが自慢なのだった。この時代の人びとの幸せはこういうところにあった。決して儚い一生というだけではなかった。洒落っ気と風流な気分は、一介の庶民の一生にも優雅な花を添えたのである。

『続近世畸人伝』は岸玄知という出雲侯の茶道方が梅樹を買った話を載せている。ある時郊外に遊んで、農家の傍らに梅が見事に咲いているのを見て、大金を与えて買い取った。しかし花の下で酒を酌むばかりで、梅の樹を持って行こうとしない。農夫がいつ移植するのかと問うと、わが家の庭は狭くて、こんな木を植える余地はない、ずっとここに置いておくと言う。それなら実がなりましたら届けましょうと言うのに玄知曰く、「吾は花をこそ賞すれ、実に望みなし、汝これをとれ」。農夫がおどろいて、ただ花を見るためなら、いつでも何日でもおいでください、お金はお返ししますと言うと、「人の花は見て面白からず、わが花にしてこそ興あれ」と玄知は答えたという。

これに似た話は『甲子夜話』巻三にも出ている。こちらの話の主は江戸城御書物奉行を勤めた長谷川主馬という人物で、近郊に遊んだとき年老いた松の巨木を見かけ、ただちに十数両を投じて買い求めた。売り主はこのような大木、移植もなるまいにどうするのかと怪しんでいたところ、「一日主馬来り、僕従に酒食敷物など持たせ、松陰に坐し、終日観賞諷詠して帰れり。それより春秋の天気晴和なる時は、折々来りて、いつも同じさま」であったという。読みようでは厭味な風流気どりともとれようが、そういう批評はともかくとして、当時の人びとに多かれ少なかれ、こういう洒落た風流の気分が共有されていたことの方を私は重視したい。なぜならそれは、今日ではまったく失われた気分だからだ。

この頃の人が何かにつけて、月、雪、花、鳥の声虫の音を楽しむ心の持ち主だったのはいうまでもあるまい。それが昂ずれば、花を求め名所を尋ねての行楽となる。村尾嘉陵は清水徳川家の広敷用人を勤めた人で、休日ごとに近郊を探訪して紀行文を残した。その数四十数篇。時は文化九年より天保二年にわたる。近郊といっても北は浦和、大宮、東は松戸、船橋、南は川崎に及んでいる。

文政三年弥生の頃、小日向の道永寺という寺を訪ねたのは、道のりからいえばほんの行楽であろう。その庭によい花があると人が言うのを聞いて訪ねてみたのだが、期待はたがわなかった。堂の前庫裡の垣に添うて二本、書院の庭に三本、すべて八重の薄色で、やや盛りを過ぎているのか、花びらが一寸ほど土の上に積っている。ここの桜の何がよいのかと言えば、広いところの花は散っても行方が知れぬのに、ここは限られた庭なので散った花がすべて木の下や堂の縁に吹き溜っている。嘉陵にとってそれが見どころだった。この日はさらに柏木村まで足を伸ばし、円照寺の右衛門桜を見て帰った。

小金井の桜は名所だからむろん見た。この時は「和蘭銅版画法にならいて」一図を造ったというが、見るとなるほど西洋画の遠近法に従っている。彼は画も描く人であった。

嘉陵に限らずこの時代の人は、どこそこに名木ありと聞けば、見に行かずにはおれぬ心の持ち主だった。遠くて見に行けぬときは、話を聞くばかりでもよいのである。木曾の寝覚めの床にしだれ桜の大木があって、かこみは三囲ばかり、花の候に仰げば、花はさながら白雲のたなびくようだという。また下野の小山の在、修験者の庭に将門の植えた桜というのがあって、その大いさ数囲、半朽といえども春ごとになお花開く。武州足立郡石戸にも桜の大樹あり、枝のひろがり二十間四方云々。嘉陵はこの噂をみな人から聞いたのである。桜には名のついているものがあった。大井村の名主五蔵というものの屋敷の前の桜木の群れには、「台命桜」と名がついており、門にかかった札には将軍の目にとまった花だと由来が書かれていた。嘉陵は文政二年にこの花を見た。

上尾あたりから、秋冬の晴れた日には浅間が見えると友人から聞いて、いつか行ってみたく思っていたが、文政二年十月に思い立って、早朝四時半に三番町（千代田区九段南二丁目）の家を出た。板橋では鶏の声は聞えるけれど、家々はまだ固く戸を閉じている。浦和まで行くと、旅亭に燈ともって、朝立つ人々が荷造りや馬の用意をしていた。大宮でやっと朝日が昇った。大宮には武蔵国の一の宮がある。幼い頃『中山道名所記』にその図がのっているのを見て、「一の宮なれば参らばや」と思ったことが心によみがえる。そういう自分はすでに五十路だった。

この宮には「今日ぞもうで初《そ》めのもうでおさめぞと思えば、いとど涙おとさるるばかりになん」と嘉陵は記す。これはいつもこの人の胸にあった思いで、ずっと後、七十五歳の時に葛飾八幡宮を訪うた折も、「老の身の、また来ん頼みなければ、後の思い出にもと」、社頭の大銀杏《いちょう》の落葉を数葉懐にする嘉陵であった。

十時すぎに上尾に着いたが山は見えない。さては友人にたぶらかされたかと迷いもしたが、心はげまして行くうちに、茶店の翁に聞けば桶川の宿の不動堂あたりから見えるとのこと。さてその不動尊を見つけ出しはしたものの、日光、赤城の方は見えるけれども、浅間は木立にさえぎられて目に入らない。堂の縁に腰かけていた男が、宿の西裏の畑から見えると言う。教えられたところまで行くと、やっと北の空に「まゆずみのごと、あわ〱とみゆる山」がある。畑打つ男に尋ねると果してそれが浅間であった。重なって妙義も榛名も雲烟のように見える。嘉陵はついに宿望を達したのである。

帰りはさすがに疲れて、大宮から馬に乗った。すると路傍の餅を売る店の前で馬が動かない。どうしたのだと聞くと、馬子がいつもここで餅を買ってもらうからだと言う。仕方なく買い与えると、「いとも嬉しげに、それ喰うやいなや、綱引きたてていさみ行く」のも可愛いことであった。元蕨村で振り返ると何と浅間も妙義、榛名もここからちゃんと見える。行きは暗くて何も見えなかったのだ。桶川よりもずっとよく見えるので、桶川まで行ったのが馬鹿らしく思われたが、いやそうではない、桶川まで行ってそれと確かめたからこそ、帰りにここからも浅間が見えるとわかったのだと思い返した。家に帰り着いたのは、夜の八時過ぎである。

嘉陵にとって浅間山とは何だったのだろうか。彼は美景を楽しんだのではない。山は眉墨のように遠くにしか見えなかったのだ。彼はただ浅間が恋しかった。恋しい人は遠くからでも一目見て胸に刻めばよいのである。世に高士英傑ありと聞けば、遠路を遠しとせずに訪うたように、当時の人は名山ありと知れば、一目でもそれと逢いたかった。登るわけではない。画に描くのでもない。ただあいまみえればよかったのだ。彼にとって名花も名刹も名山も一期一会の友であった。そういう出会いの積み重ねが生きるということだった。彼は蒐集家のように名所旧蹟のスタンプを集めたのではない。花にせよ庭園にせよ神社仏閣にせよ、あるいはささやかな言い伝えの残る旧蹟にせよ、それらは世界が彼に開示してくれる生の秘蹟だったのである。彼の目はあだおろそかにうろついてはいなかった。凝視があり、感銘があり、こみあげる万感というものがあった。

彼は神仏を信じる人であったから、願をかけてそれが叶えば、御礼参りをすることもあった。しかし目あての神社仏閣にお参りして、それで終りということはなく、そこを起点として探訪の足を伸ばすのがこの人らしいところだった。文政十一年十月、孫女の安産のお札に新曾《にいぞ》村（埼玉県戸田市）の妙顕寺に詣でたが、長途の道のりなので、そこに到るまでも数々の名所があり、眺めるに値する風景があった。この人は磁石を懐中していて、わが行くかたの方位を確めるのである。戸田の渡しを渡り、二十町ばかり行くと妙顕寺があった。茅葺きの古びたお寺で、「きらきらしきより尊き心地」がする。安産のまじないのお札を返して、東のかたの観音寺を一見し、さらに熊野権現に詣でる。今度いつ来るかわからぬと思えば自ずと足が向くのである。以前来た時には、この権現山から秩父や碓氷《うすい》の連山が見はるかされたものだが、今は木が繁って見えない。木とはこんなに早く伸びるものであろうか。帰り途板橋の乗蓮寺の古碑も見たかったが、もう日が暮れたので「重来の時を期す」ことにした。

この人はむろん、初めて歩む路が珍らしかった。その心のはずみを求めて新たな探訪にも出るのだが、一度訪ねたからもう行かないでよいというのではない。文化四年に下総の国府津や真間を訪うたが、ここも曾遊の地で、真間の弘法寺の堂の柱には、十九年前に来た時書きつけた自分の名が読まれた。出会いは何度重ねてもよかったのである。一度心に刻んだ風景は永遠の友であったから。嘉陵はそういう心ばえの人であった。

おそるべき健脚で、天保二年七十二歳の時、八八《やや》幡詣《はた》とて、薄明から午後六時までかかって十五里つまり六十キロを歩き通した。里程は一時《ひととき》二里半の計算によっている。七十翁でありながら時速五キロが維持できた。八八幡詣とは八つの八幡社をめぐるのである。没年は天保十二年、時に八十二歳であった。休日ごとに数十キロを歩き、百姓家で大根・人参・焼豆腐・麦のひきわり飯といった昼食をうまいうまいと喰い、心のびやかに花や名所を見て廻ったのだから、からだに悪かろうはずがない。長寿も近郊めぐりという楽しみの余得だった。彼は清水家のお役人であったから、自分の役をしっかりと果すのも人生の一大事だったに違いない。しかし彼がほんとうに生きていたのは、二本の足で近郊を旅していたときである。その時彼は天地の間に存するは吾のみという自由人だった。

紀行文こそ書き遺しはせぬものの、閑あるごとに名所めぐりを楽しむ人びとは、その頃大勢いたに違いない。嘉陵は花めぐりの途中で知り合った大日向民右衛門という人のことを書いている。信州松代の出で、五十歳あまりの時に妻を失い、それより山水を楽しんで、諸国を遊歴すること二十九ヵ国という「相貌温和」な老人である。江戸のうちでもまだ見ぬ所が多いので、こうやって見て廻っているが、何もたずうかうかと歩くのは昼盗人のようなので、人に見咎められぬために、おととい は干大根を肩にして花見をしてまわったところ、別に売ろうともせぬのに夕方には銭七、八百ばかりになった。その金でものを喰い、施しなどして、余った銭は息子から干大根の元手を借りていたのでその返済にあてたという。

十方庵敬順は宝暦十二年の生れだから、嘉陵より二歳年下である。江戸小日向水道端の本性寺（東本願寺派）の地中にある二寺のひとつ廓然寺の住職で、隠居ののちしばしば近郊に杖を曳き、やはり紀行を遺した（『遊歴雑記』）。「二夜泊り或は四五夜泊り」と自ら書いているように、嘉陵の日帰りの探訪に較べるとやや旅に近かったようである。「寺務を遁れてよりは、いとど厭離の思い止みがたく」、茶道具を携えて外出するようになったのは、家族と気分が合わぬのであった。

武蔵国の名所めぐりを始めた理由として、自分は壮年の頃、京大坂へ三度行き、その度に名だたる勝景も見たが、今となっては夢のように記憶も定かでない、「斯《かか》ればまず自国の中に埋れたる古跡勝景を遊行し」ようと思い立ったのだと言う。茶道具を携えたのは、有名な京の売茶翁に憧れていたからである。だから行く先々で茶席を設けた。

文化十一年二月には、ひとり葛飾の綾瀬川のほとりに遊んだ。たんぽぽ、すみれ、つくしなどが生い出る岸辺に野蒲団を敷き、土瓶の手に縄を結びつけて川面へおろして水を汲み、用意

弦書房

出版案内

2024年 春

『小さきものの近代 2 』より
絵・中村賢次

弦書房

〒810-0041　福岡市中央区大名2-2-43-301
電話　092(726)9885　　FAX　092(726)9886
URL　http://genshobo.com/　E-mail　books@genshobo.com

◆表示価格はすべて税別です
◆送料無料(ただし、1000円未満の場合は送料 250円を申し受けます)
◆図書目録請求呈

新刊

渡辺京二×武田修志・博幸 往復書簡集

名著『逝きし世の面影』を刊行した頃（68歳）から二〇二二年12月に逝去される直前（92歳）までの書簡220通を収録。その素顔と多様な作品世界が伝わる。　２２００円

風船ことはじめ

松尾龍之介

一八〇四年、長崎で揚がった日本初の熱気球＝風船が、なぜ秋田の山中に伝わっているのか。伝えたのは、平賀源内か、オランダ通詞・馬場為八郎か。　２２００円

新聞からみた1918《大正期再考》

長野浩典　一九一八年は「歴史的な一大転機」の年。第一次世界大戦、米騒動、シベリア出兵、スペインかぜ。同時代の人々は、この時代をどう生きたのか。　２２００円

近現代史

◆熊本日日新聞連載「小さきものの近代」

小さきものの近代 1

渡辺京二最期の本格長編　維新革命以後、鮮やかに浮かびあがる名もなき人々の壮大な物語。　３０００円

小さきものの近代 2

国家や権力と関係なく〈自分〉を実現しようと考え

話題の本

生きた言語とは何か 思考停止への警鐘

大嶋仁　言語には「死んだ言語」と「生きた言語」がある。言語が私たちの現実感覚から大きく離れ、多用されるとき、私たちの思考は麻痺する。　１９００円

生き直す 免田栄という軌跡

高峰武　獄中34年、再審無罪釈放後38年、人として生き直した稀有な95年の生涯をたどる。釈放後の免田氏が真に求めたものは何か。冤罪事件はなぜくり返されるのか。

◆第44回熊日出版文化賞ジャーナリズム賞受賞　２０００円

◆橋川文三 没後41年

三島由紀夫と橋川文三

宮嶋繁明　二人の思想と文学を読み解き、生き方の同質性をあぶり出す力作評論。　２２００円

橋川文三 日本浪曼派の精神

宮嶋繁明　『日本浪曼派批判序説』が刊行されるまで（一九六〇年）の前半生。　２３００円

橋川文三 野戦攻城の思想

宮嶋繁明　『日本浪曼派批判序説』刊行（一九六〇年）後から晩年まで。　２４００円

近代化遺産シリーズ

北九州の近代化遺産
北九州市地域史遺産研究会編　日本の近代化遺産の密集地・北九州市を門司・小倉・若松・八幡・戸畑5地域に分けて紹介。

2200円

産業遺産巡礼《日本編》
市原猛志　全国津々浦々20年におよぶ調査の中から、選りすぐりの212か所を掲載。写真六〇〇点以上。その遺産はなぜそこにあるのか。
2200円

九州遺産《近現代遺産編101》
砂田光紀
世界遺産「明治日本の産業革命遺産」の九州内の主要な遺産群を収録。八幡製鐵所、三池炭鉱、集成館、軍艦島、三菱長崎造船所など101施設を紹介。
【好評10刷】2000円

熊本の近代化遺産 上下
熊本産業遺産研究会・熊本まちなみトラスト
熊本県下の遺産を全2巻で紹介。世界遺産推薦の「三角港」「万田坑」を含む貴重な遺産を収録。
各1900円

筑豊の近代化遺産
筑豊近代遺産研究会
日本の近代化に貢献した石炭産業の密集地に現存する遺産群を集成。巻末に300の近代化遺産一覧表と年表。
2200円

考える旅

農泊のススメ
宮田静一　農村を救うことは都市生活を健全にする。「長い休暇を楽しむために働く社会」にしませんか。
1700円

不謹慎な旅　負の記憶を巡る「ダークツーリズム」
写真・文／木村聡　「光」を観るか「影」を観るか。40項目の場所と地域をご案内。写真165点余と渾身のルポ。
2000円

イタリアの街角から　スローシティを歩く
陣内秀信　イタリアの建築史、都市史の研究家として活躍する著者が、都市の魅力を再発見。甦る都市の秘密に迫る。
2100円

近刊
＊タイトルは刊行時に変わることがあります

平島大事典　鹿児島の南洋・トカラ列島の博物誌　稲垣尚友【2月刊】

満腹の惑星　木村　聡【2月刊】

福祉社会学、再考　安立清史【4月刊】

した昆炉でわかして、茶二服を快く飲む。往来の人があれば振舞おうと思うが、たまたまこゝやゝを荷う農夫や、馬に重荷をつけた馬子が、忙しく過ぎゆくのみ。やっと通りかかった人に、「煎茶一服まいらぬや」と声を掛けると、これは近頃かたじけなしと、しみじみ飲んでくれる人もいる。だが狂人と思うのか、孤狸が化けたと思うのか、挨拶もせず早足に通りすぎ、見返り見返りする人もいる。このように述べて十方庵は言う。ここは北ははるばる耕地を見晴らし、南は綾瀬川より墨水の風色が眺められて、「われら如き侘人《わびにん》の風光の地をたのしめるもの」にはもってこいの場所である。しかし「富んで驕《おご》る人、風雅を好まざるもの」の来るところではない。

十方庵は舟上での上方者との言い争い様（8に後述）をみても、いくらかあくの強い人だったようである。家族と気分が合わぬというのも、本当は思い通りにしたいのだが、そうすると家内に波風が立つので、不本意な我慢をしなければならぬというのであったらしい。しかしそういう彼も、杖曳いて訪なう田園の風光に接しておのずと心和んだのである。豊嶋郡の玉姫稲荷の閑寂な美しさを叙し、またそこから眺望される菜の花一面の情景を描いて彼は言う。「こころままに野外を独歩して、風色になぐさむのみぞ、予が生涯の思い出というべし」。

ある時は農婦から牛に乗れとすすめられた。柿を茶店に売っての帰りだという。「牛に乗る人は命永しとかや。ことに女牛《めうし》なればすなおなり」。牛にまたがり、煙草の煙を吹きながら、ゆらりゆらりと行く間、彼の心はいかばかりのどかだったことだろう。

江戸の郊外は訪なう人を裏切らぬ様々な情趣を備えていたらしい。十方庵は豊嶋郡徳丸が原は春になると一面に桜草が咲いて「佳興絶品」だと言っている。また葛飾郡の弐十五《ツイヒジ》村はたてよこ一里の間桃林ならざるはなく、花時は世に名高い杉田の梅林の比ではないという。名物をあげれば、多摩郡宮本村の相生の松、那賀郡春貞寺の七種咲きわけの梅、足立郡芝村には三股の竹、水戸侯上屋敷には四方竹、小石川松平播磨守上屋敷の藤ときりがない。大久保百人町の同心組屋敷は東の木戸より西の木戸まで八町余り、いろとりどりの躑躅に埋まる。中でも飯嶋という同心の家は東西八間、南北二町余にわたって両側に躑躅が列をなす。青山百人町の同心組屋敷は高燈籠で名高い。例年盆のあいだ長い竿を何本も継いで燈籠を掲げ、その高さを競いあう。遠くから見れば空にきらめく星に似るというので、異名を星燈籠という。人びとの一生はこのような景物に彩られて過ぎた。名花も美景も、観る人を選びはしなかったのである。

8

旅ゆけば

江戸は多くの人びとが旅に出た時代だった。武士は参観の旅をせねばならず、商人は商用、農民は出訴等、それぞれのなりわいに応じた旅の必要があったが、何といっても多かったのは社寺参詣の旅で、お伊勢参りとなれば周期的にブームをひき起した。社寺参詣といっても、たとえ最終目標は伊勢、金毘羅、善光寺であろうと、その途中脇道をしてでもいろんな神社仏閣や霊場、あるいは名所旧蹟を訪ねるのが普通で、たとえば奥羽から伊勢詣りをするのは、途中江戸を見物することを意味した（山田由香里『江戸時代の伊勢参宮』）。

江戸時代も後期になると、女人も大いに旅をした。筑前国遠賀郡の商家米伝《こめでん》の主婦桑原久子は、同国鞍手郡の商家小松屋の主婦小田宅子《いえこ》など三人の女人と連れ立って、天保十二年、約五ヵ月かけて八百里を踏破した。目的は日光参りだが、安芸の宮島、讃岐の金毘羅に詣で、大坂を経て奈良の春日神社・法隆寺などを観、吉野の桜まで見物、お伊勢に参って中山道へ入り、善光寺にはもちろん詣でて日光に着いている。めぼしい大寺大社総嘗めであった。

帰りは江戸に二十日間滞在、浅草観音、堺町の芝居、芝増上寺、泉岳寺の義士の墓、本所回向院、吉原、目黒不動尊、伝通院、雑司ヶ谷の鬼子母神、駒込吉祥寺の八百屋お七の墓、寛永寺、湯島天神等々、見るべきはことごとく見て、鎌倉へ足を伸ばし、江の島にもちゃんと渡って、甲斐から信州へ出、諏訪大明神を拝んで、美濃の養老の滝も一見、京へ入っては東西本願寺を拝観、清水寺、智恩院、三十三間堂、大徳寺、東寺、南禅寺、その他各神社にもぬかりなく詣り、嵐山を見、大石良雄の遊んだ一力茶屋もちゃんと目に収めた。大坂へ下っても神社仏閣詣でを怠らず、それから船で故里へ帰るというデラックス旅行であった。

この旅日記を久子と宅子が録した。名づけて前者は『二荒詣日記』、後者は『東路日記《あずまじ》』という。久子と宅子は鞍手郡の神官伊藤常足の歌の門人仲間であり、この年それぞれ五十一歳、五十三歳であった。

明治十一年、英人イザベラ・バードは奥羽地方を馬で縦断し、女性が従者一人だけ伴う旅をして何の危険も覚えずにすむのに感嘆したが、すでに江戸後期には安全な旅を可能にする環境が全国を通して成立していたようである。旅宿、交通機関、ガイドブック等も一応整備されていた。もちろん、様々な不備や不便もあった。とくに旅宿は泊り客が酒盛りや賭博で一晩中騒ぎ立てる場合が多かったし、蚤は出るし食事は粗末という宿も少なくなかった。それに道中にはごまの蝿というのが出没した。桑原久子は江戸からの帰り路、相模国厚木から細木の番所までつけられて心を悩ましたと記している。しかし、それにしても彼女たちは、ほかには何の心煩いもなく八百里の長旅を終えることができたのである。

旅にはひとつ関所という煩いがあった。しかしそれは江戸後期には、ほとんど建前に近いまでに形骸化していたようである。ひとつは抜け道というものがあって迂回することができた。例えば桑原久子の場合、「妻籠の橋場より女人の行道あり。これは福島の番所をよくるためなり」といった具合である。しかしこの道は同行の小田宅子によれば「奥ふかき山にて……くるしき事いわんかたなし」だった。無理もない、彼女はもう五十三歳だったのだから。宅子たちは碓氷峠の関所も抜けている。この時も「岩が根蔦かずらなどをよじつつからき目を見」た。野田泉光院も四国八幡浜の番所で「手形持参これなき故に裏道を通」った。古川古松軒の『西遊雑記』によれば、薩摩と肥後の境には双方の番所があったが、肥後侯の番所は往来人をさして改めないのに、薩摩の番所はうるさいので、「肥後の水股、佐敷の商人薩州への往来はみな抜道を入る」というのだった。

また手形は現地の庄屋などで、金さえ出せば調達することができた。菅江真澄は津軽の碇ヶ関で、弘前の藩庁まで戻って手形をもらってこいと追い返され、途方に暮れたが、村長に身の上を語って泣きつき、手形を出してもらうことができた。金一包で通してくれるという露骨な番所すらあった。また今後は注意するようにと言うだけで、手形なしで通してくれる寛大な番所もあったし、ごねれば根負けして通してくれる番所もあった。高山彦九郎は横川関所で手形なしとて通行を拒まれ、「申《さる》の中刻ばかりより暮に及ぶまで両度理を尽して言えども聞かず、明朝また申されよとて」追い返された。しかし翌日「関所へ両度行く」に、「無手形にて通り参らす、以来は手形持参あられよ」と、あっさり通してくれたのである。関所側からいえば奮闘努力賞といったところか。むろん関所役人は閉口もしたのだろう。彦九郎は奇骨のある人で、行く先々で役人や番太を叱りつけるのを常としていた。

旅は異文化との接触の機会だった。言語の違いは旅の不便のひとつだったが、また滑稽の種でもあった。菅江真澄は羽後国の田代という山里で老婆から茶を供され、「あつければうめましょうか」というので「さまして飲みます」と答えたら変な顔をされた。「あつい」とは「濃い」の意だったのだ(『みかべのよろひ』)。品の落ちる話だけれど、江戸の富本節の師匠繁太夫が仙台領鍬ヶ崎で女郎を買ったところ、しきりに「エンヅク」という。これを縁付くととった繁太夫、さてはおれに惚れたなと思ったら、何のことはない女は「エズイ」と言ったので、これは切ないの意。なかなかのいてくれぬのでエズイと言ったまでで、「エンヅク」と聞いたのは「御身がうぬぼれ耳なり」と女はのたもうた(藤原衆秀『筆満可勢』)。

名古屋人が「銭やらずにかってこい」というのを聞いた京の者が、「銭やらせたもうてこそ借りてもまいるべけれ。知りはべらぬ商家にて、銭やらずして、いかでか貸しはべらんや」と不思議がったというのは天野信景が録している笑話である(『塩尻』拾遺巻十一)。これは「銭をやろうずるほどに買い来れ」の意なのであった。

奥羽の言葉はいうまでもなく聞き取り難かった。幕府巡見使に同道した古川古松軒は下北半島の寒村について「言語はちんぷんかんにて、十にしてその二つ三つならでは解せず」と書いている。南部藩の地には言語の通じにくいところがあるというので、盛岡城下から二人「通辞」がついていたのに、彼らですらわからず大笑になった。

しかし逆に、鄙《ひな》の者が都言葉を笑うこともあった。司馬江漢は肥前国生月島で老婆から江戸弁を笑われた。これは同地の鯨とりの乳母で、ちょうど飯を喰っているところだったが、江漢がいろいろ話すと「老婆何やらおかしき事とて、口にふくんだる飯を膳一ぱいへ吹き出し」た。鯨とりにわけを聞くと「江戸からお出での人のものいいがおかしい」という。そろそろ旅も終り近く、帰路の桑名で江戸者六、七人と同宿した江漢が、久しぶりに聞く江戸弁を「まことに重い物云いにて聞きにくく」感じたというのも、旅の与える功徳のひとつであったろう。

言語同様、風俗の違いは真先に気づく事のひとつだった。旅人たちが異様に感じたのは女の裸体と眉を落さぬ習慣である。古川古松軒は訪れた土地の民度に関心が深く、時には厭味になるほどその上下を論じているが、その際彼が主な基準としたのは家屋と着衣で、衣を着ずに裸でいるというのは、彼からすれば紛れもない野蛮の標識なのだった。豊後を下国と感じた彼は、日向に入ってさらにその下の「下々国」と判定せざるを得なかった。ここでは夏時分になると女まで木綿下帯ひとつの裸なのだ。「娘小児に至るまで裸にて、近郷の一里ばかりもある所へ用事ありて行くにも裸身にて、たばこ入れ、鼻紙入れなどを二布《ふたぬの》（腰巻）のひもにさしはさみて行く事なり。初めて行き合いし時は、目なれざる躰ゆえにおそろしく思いしほどなりき」（『西遊雑記』）。野田泉光院もやはり秋田の僻村で女の裸を問題にした。「この辺にては婦人老若とも作方へ出るに襦袢に股引にて出る。帰りの時は股引はぬぎ襦袢ばかりにて帰る。尻まである衣物なれば、立居に淫門出《いづ》れども何の耻しきとも思わず。田舎者の東夷ども思いやらる」。

長崎の女は生涯眉を剃らなかった。司馬江漢は「それ故若くまたきりようもよく見ゆ」と言っている。東北もそうだったようで、『東遊雑記』には「奥羽すべての風俗に、婦人眉毛を剃らず、子三人も産しその後に、眉毛を落す事なり。所によりては、姑になりて剃り落すとも云う」。そのあと「夷風の残りしものなるべし」と言っているのが古松軒らしい。江戸を喰いつめて東北を巡業した浄瑠璃語り繁太夫によると、盛岡城下の女房は四十になっても、五十になっても眉毛を剃らない。若くて剃っているのは江戸の真似がしたい女である。参勤で江戸へ出たことのある侍の女房は剃り、国詰の侍の女房は剃らぬ。御上から剃るように触れ出しても古例を守っているし、内心剃りたくても世間を憚かって剃らぬものが多い。「五十歳以上にて剃らず居るは見苦しきものなり」とは、繁太夫の感想である。

菅江真澄が出羽国雄勝郡柳田に滞在している折、家の外をどこの国の女か、男に伴われて通った。外で水を汲んでいた娘がかけ込んで来て、「あそこの女を見ろ、かうのけ（眉毛）もない」と言う。居合わせた若い男が「よその国の人はみな、眉毛を剃るのだ」と教えると、娘は「ああ、さたけなし（恥かしい）」と叫んだ（『小野のふるさと』）。この娘にとっては、眉を剃る方が奇妙な「夷風」であったのだ。

性風俗もしばしば旅人の注意をひいた。菅江真澄は岩手の胆沢郡小田代（現江刺市）にある十一面観音菩薩の祭を書きとどめている。若い男女たちが自由に交わることが許された祭だった。野田泉光院が記録するのは身延山の例で、毎年六月中旬の三日間「越後上総の両国より女人ども多く参詣し」、宿坊で南無妙法蓮華経と唱えて踊り狂い、この間懐胎した「父無し子」を日蓮の御子として大切にはぐくむという。

しかし、そのような奇談よりも、旅人の感懐をそそったのは各地の売春の形態であろう。出羽国の温海《あつみ》（現山形県）では、娘のいる家ではみな娘を遊女に出すのを習いとしており、これをおばと呼ぶという（真澄『秋田のかりね』）。繁太夫が越後高田で見たところでは、当地の下女は「昼の内用向きを片付け、夜五つごろより隙《ひま》をもらいて泊りに出る。夜明けて帰る」。二百文くらいでからだを売るのである。夜は外に出さぬという堅い家には、下女が言い合わせて奉公に来ないので許すほかない。下女どころか、相応の女房娘も出ると繁太夫は言っている。

野田泉光院は長崎では娘を娼家に売るのを名誉と心得、娘をほめるのに、このご息女は三百目のご器量とか五百目の御顔色などと言い、親はそれを喜んでいると呆れ顔である。これは少々えげつないにしても、この時代の人びとの意識においては、遊廓といい遊女といい、それほどさげすむべきものではなかった。堺奉行土屋廉直の妻斐子《あやこ》は、東海道赤坂の宿で、遊女たちが三味線や笛で客の朝立ちを見送る光景を「艶なるあけぼのなり」と観た。また小田宅子は新吉原のおいらん道中を見て、「見るだにも心浮かるる面かげを誰《た》が河竹のしづむといふや」と詠んでいる。遊女の身が悲惨とは露思わなかったのだ（柴桂子『近世おんな旅日記』）。頼山陽が母静子を島原の遊廓に登楼させ、花魁を総あげして盛宴を張ったのは有名な話だ。静子もこの遊びがたいそう気に入った（中村真一郎『頼山陽とその時代』）。清河八郎も江戸に遊んだ時、母を伴って吉原の大楼に登っている（『西遊草』）。遊廓は龍宮城のようなもので、女性が一見しても恥にはならなかったのである。

『金谷上人御一代記』は天草の風俗について次のように記す。「この天草といえる所は山多うして田畑少なし。よって男たる者はおおかたこのあたり九州の地へ渡りて、舟手の若き者というものに傭われり。よって老人と女子ばかり沢山なり。喩えば他国の船どもの風待ちという事にこの嶋に寄れば、女どもは皆々髪など撫で付け、湯つかいて船場へ行き、おのおの草履を持ち『これをはき玉え』という。客も承知してわが好む女の草履をはくと、手を取り家へ帰り、親もともども取り持って酒を買い風呂などわかし、後には聟の如くして女と伏さしむ。夜とともに隣りに宿せし客も同じく来り合いて、遊所へ行きし如く二日も三日も無理に引き留めて遊ぶ。よってそれぞれ銭を置いて出船す。涙を落し手をとりて再会を契る」。

金谷はまた、この島の娘は十三、四歳から西国巡礼に出るが、帰りは大阪で旅の商人をつかまえ、夫婦のようにして長崎まで至り、さらに舟に乗って家へ帰ると言っている。金谷は行きもしない所に行ったように法螺を吹く傾向があったけれど、この時は実際天草へ渡ったらしい。富岡に着いて東光寺という寺に逗留したと書いているが、東向寺は本渡に実在する寺である。長崎から富岡までの船の水主《かこ》はみな女で、風待ちで一夜船中で過すと、女ども総出で金谷に抱きついて媚った。「上人天草の御難」の一幕である。

金谷が伝えている天草の風俗は絵空ごとではなかったようだ。菅江真澄の記すところでは、男鹿半島の戸賀の浦では、沢山の舟が一度に入ってくる時は、老若を問わず、女たちが船宿に入って相手をする。舟人や船客が待っていると、家の燈火をみな消して暗闇とし、そのなかを女たちは探り寄って来て、男のふところに身を任せる。互いに顔を見合わすことができぬので、どんな相手に当ろうと「酌子果報」というものである（『男鹿の鈴風』）。

旅には食べものの楽しみ、あるいは苦労があった。戊辰戦争北陸戦線で越後長岡藩を率い勇名を馳せた河井継之助は、安政六年まだ書生の頃、中国・九州を旅し、周防国宮市で初めて蜜柑なるものをたべた。これは楽しみのうちだが、肥後熊本で、訪問先への手土産に名産という朝鮮飴を求めて試食したところ、「甘いでもなき駄菓子」なのにはがっかりした。しかしこれは継之助の舌が未熟だったというべきか。

古川古松軒が同行した天明七年の東北地方巡見使は、食べものではなかなか苦労をした。とくに南会津郡では「食事殊の外あしく、毎日山のいもと豆腐の外はなし。味噌・醤油も味わい苦くからし。かくのごとく十日も二十日も続きなばいかがせんと、人々大いに困りしほどの事なり」。古松軒は日向や大隅を旅した時、人びとが米を喰わず粟や麦を上食とするのを見て、「下々国」と思ったが、東北へ来てみるとみな米を喰っている。しかし諸品は不自由で、米を喰えるから「上国」とはいえぬことを痛感した。豆腐といえば、川路聖謨は奉行として佐渡に在島した頃、当地の豆腐は江戸のこんにゃくより堅いと言っている。

諸国を廻れば珍妙な食いものにも出会う。司馬江漢は筑前国中原というところで、平皿に昆布十筋ほど、こんにゃくひと切れ、塩魚切身一切れという「まことに奇妙なる料理」に出会った。これは江漢が江戸人なので、取り合わせを「奇妙」と思ったので、その土地にすれば御馳走であったろう。もっとも彼は長崎まで行って、鶏肉の煮たのがやわらかく肉ばなれのよいのに感心し、豚も至ってうまいと思った。野田泉光院は江漢よりずっと辺僻なところを廻国したのだから、ずいぶん妙なものも喰っている。甲斐国では、輪大根、青菜、芋、蕎麦の粉を練りあわせたものを喰わされたし、信州では、大根の干葉を細かに切り、塩にまぶし、それをあんにして稗の団子を作って焼いたものを喰った。「何ともいいがた」き味わいであった。

旅をすればお国自慢は避けられない。江戸小日向水道端にあった廓念寺の十方庵敬順は寛政九年、京都から大坂へゆくのに舟に乗った。船頭が「いかに旅の人、この河岸に土蔵の建ちならびたるを見給え。仰山《ぎょうさん》なる事ならずや」と自慢するので、頭に来た敬順、わが住む江戸の江戸橋から大川端まで十三町の間、縦横《たてよこ》に交わる川筋に建ち並ぶ土蔵は幾百万億、こんな土蔵が自慢なら、将軍お膝元の河岸蔵を見たら目を廻すだろうと言い返すと、船頭は「閉口し」た。ところが四十ばかりの商人が、江戸は広いといっても四里四方、町の数も八百八町というではないか、将軍の膝元というならもう少し広くてもよさそうなものと、けちをつける。敬順即座に言い返すに、八百八町は神君御入国の折の話、今は二千町、方七、八里。すると商人も黙りこむ。今度は女まじりに丁稚《でっち》を連れた六人中、女たちの姑らしい六十ばかりの比丘尼が言う。先年江戸へ下向したが、食事がみんな塩からい。浅草観音前の菜めし田楽は評判なのでたべてみるに、味噌加減が塩からかった。田舎の者は塩からいのが好くとはいうがと、これはむろん厭味。浅草観音前の田楽は客を見て、甘くもし辛くもする、たぶんおのおの方を田舎者と見て、わざと味噌加減を辛くしたのだろう、そもそも江戸の女はみな厠《かわや》に入って用を足す、「然るに上方は、物事花車《きやしや》にして上品なるに似たれども、下ざまの女より被衣《かつぎ》かぶりし身分まで、往還のしかも人立ち繁き市中に白昼をも憚からず、担桶《たご》に後《うしろ》向きになり、尻さし出《いだ》して立ちはだかりて小便し、尻三ツ四ツ振って裾をおろし歩行す、その不作法笑止いうばかりなく、見るも気のどく也」、田楽屋もおのおの方のそういうところから、田舎者と見たのに違いないと答えると、尼を始め四人の女たちは不快げな顔色で、舟が大坂に着くまで敬順をじろじろ眺めながら黙り通しだった（『遊歴雑記』）。

さすが坊主だけあって説法は手のもの、十方庵はかくのごとく弁舌に任せて、お国自慢合戦に圧勝したのだが、京の女の立小便は馬琴の『羇旅漫録』にも出ていて、当時好個の話柄であったらしい。

この時代の人は伊勢詣であれ西国巡礼であれ、一生に一度は回国の旅に出るのを心願としたようだ。伊予国大三島の宮大工藤井此蔵の家は代々回国の伝統があったらしく、伯父の好蔵という人は、文化六年、此蔵がまだ二歳のとき、「心願に付き、日本回国」の途に出で《い》「都合三ヶ年にて、日本国中御納経」をすませた。回国を終えれば「志願成就供養」とて供養塔を建てるのであったが、五歳の此蔵はこの行事をかすかに記憶している。伯父は文化十一年、三十八歳で病死した。此蔵自身は十七歳の時、伊勢に参宮した。これは成人の儀礼だったと思われる。天保四年、二十六歳で家を継いだが、父の其重郎（六十一歳）と母きく（五十一歳）は日本回国へ出た。帰国したのは天保六年である。此蔵自身が家族連れで西国巡礼に出たのは安政七年、此蔵五十三歳であった。美濃大垣で万延と改元されたのを知る。百十六日間、七百里の旅であった。

宮大工は各地の名ある建築を見るのが修業であろうから、社寺巡りも単なる信心ではなかっただろう。明王太郎家は代々相模国大山寺の宮大工を勤めた家柄だが、同家の敏景は天保十二年、大山町の伊勢講に加わって参宮の旅に出た。伊勢参宮を終えると奈良の諸寺を巡り、吉野山、高野山にも登って、金毘羅、宮島まで足を伸し、帰りは大坂、京都の寺社に詣で、中山道を経て善光寺に参って大山へ帰っている。旅日記『伊勢道中日記控』を遺した。

しかし、心懐しく思われるのは、観光ルートに乗った社寺参詣の旅人よりも、拠んどころない事情に迫られたり、ふと風に誘われたりして、遍歴放浪する人びとの横顔である。

野田泉光院の『日本九峰修行日記』を読むと、国を出て街道を往き来する人びとの多さにおどろかされる。泉光院は回国の途にのぼったその年の文化九年は、長崎の立山というところで年を越したのだが、あけて文化十年の十二月に、長州の中の関で、立山で知り合った幸助夫妻に出会った。聞けば西国巡礼に出て、ついでに当地の姉を訪ねて滞在しているとのこと。自分が旅先で世話になった者が、今度は自分とおなじ旅人となっているのである。姉が暖かくなるまで滞在せよとすすめるのでそのつもりだと言う。何とものんびりした話だった。安房国弓村では、甲州で一夜泊めてもらった庵主の夫婦と出会った。あれから坂東巡礼に出たというのである。

道中六部としばしば出会い、妻同様の女を伴うなど風儀の悪さに眉をひそめることが多かったが、甲州積水寺村では肥後の六部が回国の途中足をとめて、庵室に住みついているのを見た。出家して善明という名になっており、泉光院を宿に訪ねて来たというのも、おなじ九州というのが懐しかったのだろう。六部とは六十六部の略称で、法華経六十六部を書写し、全国六十六州の霊場に一部ずつ納めて廻る修行者のことである。

泉光院は宿りを求めるにはまず善意で泊めてくれる無料の善根宿、それがない場合は木賃宿、それもない時は仕方なく旅籠にも泊った。旅籠は食事つき、木賃は自炊、むろん料金が違う。宿りに不自由するのは国守の禁令によって宿を貸さぬ場合、さらには麦の収納などで農家が忙しい場合、そしてもうひとつ日蓮宗の村というのが鬼門だった。念仏を嫌うのである。

しかし心なごむ宿に出会うこともあった。丹波亀山城下の一の宮の鳥居前で、十二、三歳の子どもがひとり遊んでいて、泉光院を見ると、修行者殿今晩はわが家へ泊り給え、こちらへこちらへと案内する。子どもの言うことなので、当にもせずについて行くと、思いがけぬ「百姓大家」で、家中の者がよくお連れ申したと子どもをほめ、修行者殿休み給えともてなしてくれる。「不思議の家法」と泉光院は感銘を受けた。因幡と但馬の国境にある牛ヶ峯から下ったところにある大又というのも変った村であった。回国修行者を泊めるのが自慢で、月末になると今月は何人泊めたと「楽しみに吟味する」のである。回国に出たばかりの頃、肥前国西彼杵《そのき》郡の八上という村で、宿求むるに一軒もなく、夜になって人家の軒下に茫然とたたずんでいた時、一人の男の子が来てわが家に泊めてあげようという。「うれしく彼の方に行く、仁八という宅。主人言う様、宿しても参らする物はなし、ただ薪を馳走するとて炉一杯に煙りたり」。これもいつまでも心に留まる記憶であった。

地方には回国者から珍しい噺を聞きたいという者もいて、泉光院はその手のもてなしを受けることもしばしばあった。しかしそれより多いのは、泉光院を学者と見込んで、「大学」やら「中庸」やらの講義をさせようとする者たちである。これはたいてい村の有力者で、そのお声がかりで村人も集まることになる。たとえば美作国川原村では大百姓の家に九日も逗留して「孝経」と「大学」の講義をし、合い間には茶の湯まで授けた。一日は「近所の者どもは勿論、医師、出家等まで数十人、あたかも大坂阿弥陀ヶ池の説法の席の如く集まれり。講釈半ばにても多葉粉を吸うやら、足を延して坐り居るもあり」。面白くもあったが、「田舎もの物知らず不作法なることなり」とも思わずにはいられなかった。福知山では近在の若者たちから浄瑠璃本の素読を頼まれた。ところどころ文句が分らぬというのである。村芝居にかける台本だったのだろうか。

江戸時代も文化・文政となれば、村里で学問熱、文芸熱が高かったのは、従来多くの書で説かれる通りだ。その状況が泉光院の日記にも映っているのである。大坂商人高木善助もこう述べている。「われら片浦より野間廻りの時、その辺りの茅屋にて、太閤記の十段目をかたり、三味線を引きたり。是には驚きぬ。そのほか上方のはやり言葉など、かの辺りの男女常に戯れ云うなり。野間は九州の内にて極辺土、薩州の果なる山中にて、他所の者至る事稀なり。それさえかくの如し。その余は押して知るべし」。

旅にはむろん、病み臥って生涯を異国で終る場合もあった。生国三河を発って生涯帰らざる旅に出て、まだいくらも年月の経っていない頃、菅江真澄は信濃の桐光寺という寺の前に、歳三十あまりの女が行き倒れになり、五、六歳の幼児がひとり残されていると書かれた高札を見た。こういう事は珍しくはなかったはずで、馬琴は実話だと断わって、『兎園小説』にこんな話を収めている。

馬琴がかねて恩顧を蒙る某侯の家臣に、山本郷右衛門という足軽がいた。寛政四年、この者が飛脚として江戸に出て、またみちのくへ帰る折、奥州街道鍋掛の宿を通ると、はずれの坂に粗末な小屋がかけられ、父親と娘がその中にいた。これは回国の者で、父が重病で倒れ命も危うかったので、宿の者たちが憐れみ、小屋がけして親子を入れたのだという。少女が道行く者に袖乞いして露命をつないでいると聞いて郷右衛門、二朱銀一片に薬を添え、楊子挿しの袋に入れて与えた。その後寛政八年、郷右衛門はまた飛脚をうけ承って江戸に出、ある日誘われて新吉原江戸町の丸海老屋という青楼に登ったところ、夜が更けてから清花という妓から果物が届いた。心当りのさっぱりない郷右衛門、清花なる妓と会ってみたところ、それが鍋掛の宿で施しをした少女だったのである。何よりも与えた楊子挿しの袋が証拠であった。

話を聞くと、この親子は越後高田の者で、母が長病で亡くなった頃、ひでりやら水損やらで暮しの立ちゆかなくなった父親が、なき人の菩提のためとて、娘を連れて回国の途についたのであった。施しを受けたあと間もなく父は世を去ったが、御顔をよく覚えておいて、再会の折には御礼申せと少女に言い聞かせていた。「はじめかの鍋掛にて、御身に会いしは、十四のときにて、本の名をそよといえり。あじきなき世にながらえて、はや十八になり侍り」と言って、娘は泣いたということだ。

藩によっては、領国内で病み臥した旅人を手当することもあった。野田泉光院によると、文化十年五月、長門国佐々並町に、肥前・天草の女五人が四国巡礼の帰りに一泊したところ、一人が病みついて疱瘡だとわかった。もともと天草は疱瘡の患者は親子でも見捨てる土地柄とて、他の四人は病人を置いて発つという。宿屋の主人が四人を留め置いて、萩の藩庁に連絡すると、「皆々快気の上出立すべし」とのことで、四人は滞留する羽目となり、そのうち全員発病、二人が死に三人が平癒する結果となった。この間藩庁は医師を派遣し、看護人二人をつけ、病人には一日米一升、看護人にも銭六貫文を与えたという。

同行の者に病人が出た場合見捨ててはならぬというのは、一般の倫理であるばかりか、街道筋を管理する藩の方針であったらしい。一返舎琴声なる作者の『膝打毛』は、題名から知られるように『東海道中膝栗毛』の数多い模倣本のひとつで、藩主帰国の際お供して唐津にくだった江戸のかごかきが、近郊の加部嶋太嶋太明神にお詣りする道中の滑稽を叙したものである。二人は途中で肥前の男と道連れになり、三人で宿に泊った翌朝、見ると肥前の男が床の中で死んでいる。二人にすればこの男は友人でも知り合いでもないから、そのまま発とうとするが、宿の主人が許さない。単に道で一緒になっただけだといくら弁解しても受けつけず、とうとう庄屋まで出てくる騒ぎ。前夜宿に泊るとき三人連れと言った以上責任をとれという理屈で、ついに葬い代を払わされてしまう。これが一席のお笑いであるにせよ、宿屋で連れと届けるのがそれだけの責任を伴う行為だったのはおそらく事実だろう。

菅江真澄は天明四年三十一歳のとき出羽国へ入って、文政十二年七十六歳で田沢湖の近くで死ぬまで、松前へ渡ったのを除けば奥州から出なかった。遍歴の途中何年か居つくこともあり、晩年は久保田を本拠にしたようだが、基本は旅から旅の生涯であった。彼には薬草の心得があり、また伊勢物語の秘説口伝を受けていて、そのふたつが見知らぬ土地で知人を求めてゆくよすがになったであろうと、研究家の内田武志は推測している。

自身が生涯羇旅の人であっただけに、真澄は行き交う旅人になつかしいまなざしを注ぐ人だった。天明三年、善光寺へ参る道筋で一緒になったのは対馬の人であった。幼いころから朝鮮に渡り、その国の言葉を学んで通訳をしていたが、罪を犯してこのように漂泊の旅に出ているという。道々、あれは朝鮮語ではこういう、これはこういうと、いちいち教えてくれるのだった。善光寺では、竹杖をさした板の表に「吾《あ》が母、此み仏に詣でんことを歳頃願いあれど、空しうみまかりし」と書きつけ、さらに「たらちめの脛《はぎ》をたすけし杖なればあゆみ来りし心ともなれ、安永四歳八月中旬、難波なる無染尼つつしみて拝む」とあるのを見て、傍らの老法師が、何と尊い志だろう、私と同国の人だと涙を落すのを心にとめた。

天明五年九月十日には岩手の花巻に着いた。すすめられるままに伊藤修という医者の家に宿をとったところ、夕方には伊勢の俳諧師二人が来て同宿となった。翌日は人びとと団欒して楽しく過し、十二日になると伊勢の二人は発つという。それを引き止めて、今日だけは名残りを惜しもうと同じ宿で過し、どこかでまためぐり会おうと約束を交した。十三日、伊勢の二人ともども出立しようとすると、今度は宿主がせめて真澄だけはもう一日泊れという。二人を里はずれまで見送ったあげく、真澄はこの家に十七日まで滞在したのである。主人は遠来の旅人と別れるに忍びず、旅人もまた主人の厚情に応えたのだった。ところが十七日の夜、この里に火が出て、修の家は丸焼になった。もとの家のうしろに手頃な家があったのに移った修は家族ともども、「このような騒ぎの中にある自分たちを見捨てないで、いましばらくとどまってほしい」という。真澄はとうとう二十七日までこの家にいることになった。その間近所の人から、この夜寒《よざむ》ゆえと綿入れまで贈られたのである。見送って来た人びととは扇堀というところで別れた。ふたたび会うのに「あふぎ」は縁起がよいからという。これが当時の人びとの心のありようであった。

寛政五年四月、真澄は下北半島の西海岸にいた。その前年、四年余り滞在した蝦夷の松前から帰って、この半島に居ついていたのである。珠阿上人という浄土宗の旅僧と知り合ったが、真澄が牛滝というところで別れようとすると上人は言った。「大間の牧のあたりで初めてお会いし、奥戸《おこつべ》の浦で語らい、佐井の部落で十日も交際し、咲き残った花を尋ねてまだ知らぬ夏山をさまよい道なき野原の草の中をたどってほととぎすを聞こうと、牛滝の荒磯までともにさすらって来たが、近いうちに松前の島へ渡りたく思うので、ここでお別れとなろう。ふたたび会うのはどこの空であろうか」。これはまた真澄の情《こころ》でもあったろう。

賑やかに連れ立って、広く名の知れた大社大寺を回遊する観光の旅だけが旅ではなかった。遠くみちのくの果までさすらって、名も知れぬ神仏を拝み、耳慣れぬ言葉に奥深い調べを聴きとり、わけ入った深山にひとり咲く桜に目をとめるのも、わびしくも趣きの深い旅であった。このような辺地をと思うところを少なからぬ旅人が歩いていた。下北半島北岸の下風呂という温泉には、越中の白山や武蔵のほりかねの井から来た旅人が潰っていた。盛岡では四十ばかりの法師から、松前へ渡られるそうだが、わたしも連れて行ってくれと声をかけられた。これは浪速の鬼吉という芸人だった。

一方、今はみちのくの辺土で暮す人も、ひと度は都に出たこともあった。胆沢郡徳岡（岩手）にいた時のこと。近所の老人が訪ねて来て、「今ごろは都では花の真盛りでしょう。ある年、京都の春にあって嵐山の花を一、二日見たことがありました。何事も花の都です」と語って去った。橘南谿によれば、もともと奥州南部藩の人びとは伊勢神宮を尊信し、参宮の風が盛んなのだという。南谿が盛岡付近で馬に乗ったところ、馬方が自分の家は祖父以来、駿河と名乗ると言う。南谿がおどろいてそのいわれを訊くと、祖父が伊勢に参宮した折、諸国のうちで駿河ほどよい国はないと思い、その国が忘れられずに駿河と名乗ったのが始まりだとのこと。父もまた駿河と名乗ったが、庄屋があまりに大きな名だと文句をつけるので、自分は又助と名乗っているという話だった。

9 隠されたゆたかさ

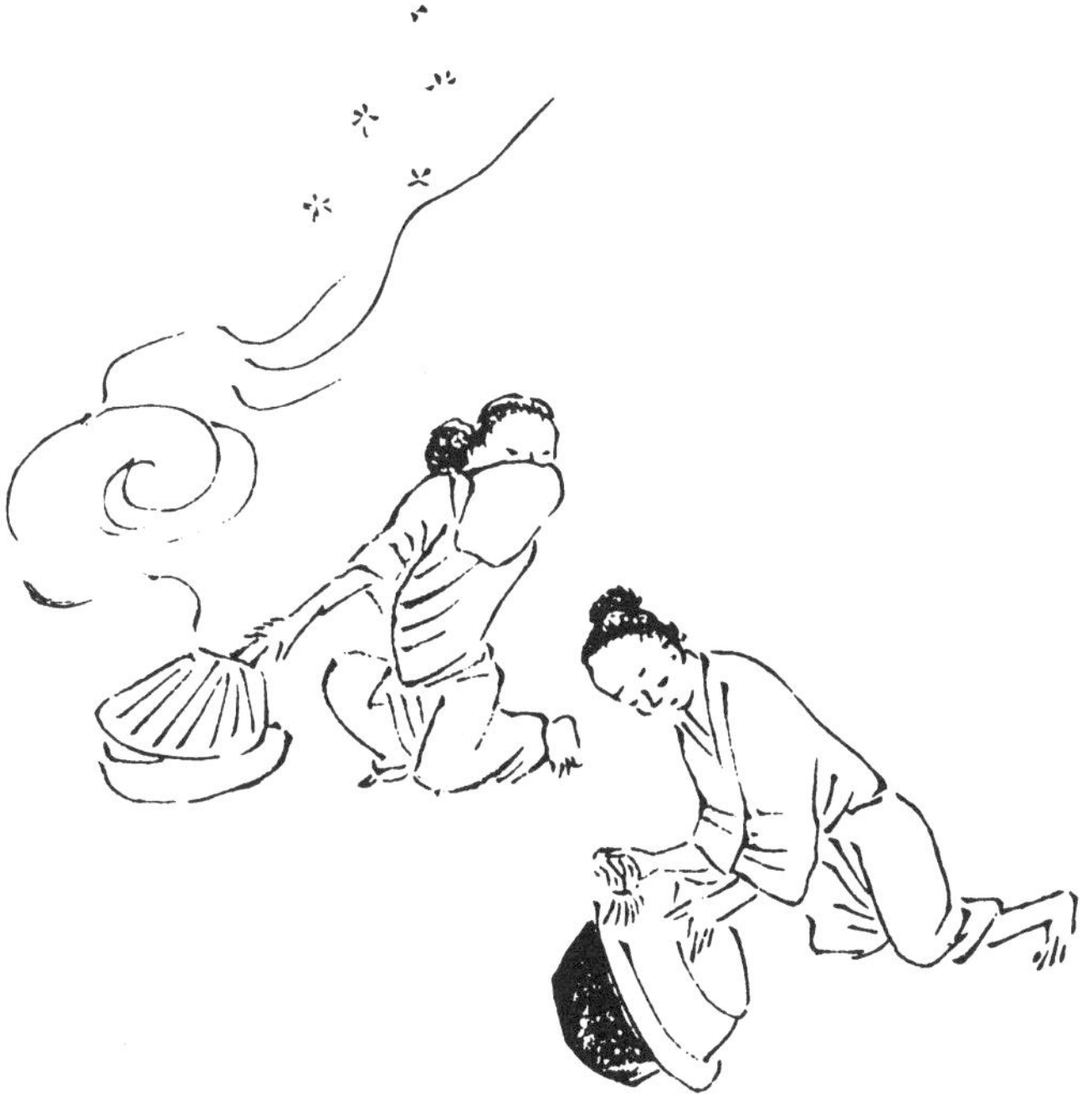

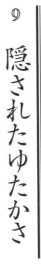

この時代の紀行文から見えてくるのは、日本という列島の内包する世界の意外な広さである。情報を伝える媒体がなまじ発達していないだけに、旅ゆけば思わぬ発見があった。古川古松軒は周防国室積より半里の海浜で、「都近くもあらば世に称すべき風景の浦」に出会った。戸中浦と野原というところの間に延びる二キロほどの松原である。「この間の海浜松原にて、須磨明石などの松原より大いに勝り、白砂に浮根の松の大樹数万本、筆に尽しがたき風景なり。海内広き事にて、辺鄙の地にかかる勝景ありても、誰れ知る人もなく、世にうずもれてある事なり」（『西遊雑記』）。

また松浦静山は先にも述べた寛政十二年の出府の際、備中国の尾崎というところで休憩し、宿の主人に「このところには珍しき魚禽木石などありや」と問うに「なし」と答える。「さらば名勝山川は」と問うと、それもないと言う。「寒郷《あれざと》とはいいながら、あまりつれなき言いごとや」と思ったが、仕方がないのでここから海辺までどれほどの道のりか尋ねると、三里かなたに王嶋という港があるという返事。どうせ山間の舟もない海辺だろうと思って「その港には漁家などありや」と聞いてみた。漁家どころか、瓦屋の家が二千ほどあるという。それは農家かとの問に主人言うには「この港は多くこのほとりに産る木綿《わた》を商いて、その利をもてみな富潤、人品も都めきて鄙野ならず、街も縦横ありて贍《にぎわし》きところなり。……またかの里はわた貿《あきない》のみ他の業もなく暮せば、つねに游芸などもてはやし、妓女などもところにはなけれど、安芸の御手洗、浪花などより呼びよせて、つねに来り居り候。港の口は裏海《いりうみ》のあいだ半里ばかりにて、備後の尾道、備前の下津井へ出て、浪花あたりの通路自由に候。また一里余りも隔てて、倉敷といえる村あり。海辺にはあらねど、また贍《にぎわい》て繁花なるところなり。戸数およそ五千もありて、そのさま玉嶋に異ならず」(『甲子夜話続篇』巻八十)。

これを聞いて静山侯はおどろいた。「されば桃花の洞の源も、聞かざる人はおどろかず」。自分は桃源郷こそ見ていないが、伊勢、越前、そのほか長崎、松前など四方の国々に繁華なところがあることは知っている。しかし今聞いた玉嶋、倉敷のことは知っている人は稀であろう。そう考えて静山は「わが大御国のひろくかぎりな」いのを実感し、そのような無知の身で一藩の治政を預かっているのをおそれる思いだった。

繁華の地ではなく名勝でもないが、魂を奪うような風景が人里離れた深山に忽然と現われることもあった。古川古松軒の従った巡見使一行は天明七年八月五日、出羽国由利郡と雄勝郡とを分かつアンササという峠を越えた。「左右を見るに、山連々として、見る目もおそろしき深山」であったが、あたりには「桔梗、苅萱、女郎花数百本みだれ、その美しき事筆に尽しがたく、立上りては詠《なが》め、ここに休みては興に入りし事なり」。谷底には木樵の家らしいのが、ぽつりぽつりと見えた。住めば都というから、こんなところに住みついてもさして淋しく思うこともないのだろうと古松軒は感じた。

古松軒の旅は諸国の民度、すなわち暮しの貧富や文化の程度、風俗のよしあしを観察することに第一の眼目があり、行く先々、ここは上国とか、下国あるいは下下国といったように採点するのが癖だった。彼によれば自分の住む岡山を含む「上方筋」が上国で、あとは段々と劣るのである。白壁の土蔵があるとか、柑橘類の庭木があるというのが上国のしるしなのであった。そういう品定めはその地の治政への批評とも結びついていた。むろん民の生活の向上をねがう志の表われであるけれども、そのまなざしには未開の生活を野蛮劣等と見る優越感が含まれている。出羽の大館から久保田にかけて土地が広大であるのにおどろく彼は、次のように書かずにはおれぬ人だった。「農業のいたし方不調法にて、強いて地の利を取るの心なく、生れながらにして鈍才、愚物の百姓ゆえに、自ら貧賤を抱くように思われはべる事多し。衣服のつづれしも、屋宅の見苦しきもいとわず、米の沢山なる儘に、平常遊び暮しにしてすむ事なるによりて、それに応じて心も遣う事なければ、見る体いずれにても鈍に思われはべるなり」。

鈴木牧之の感性は古松軒とは少々違っていた。彼は文政十一年、越後の秘境といわれる秋山郷を訪ね、壁も塗らぬ茅屋や、夜着もなく着たきりで囲炉裏に暖をとって寝る習慣や、粟や稗の常食や、固くなった餅のような豆腐に辟易はしたけれど、「日々農を楽しみ、何一つ放埒もなく、天然を楽しむ」せいか、この里の人々が老いてもなお壮健で、長寿者が多く、盗み、飲酒、博奕、色事のない生活を送っているのに素直に感心し、山海の魚肉をあさり、色欲をほしいままにし、「もろもろの患い、よろずの悲しみに心を迷わし」、果は自分や友人の十返舎一九のように名利名聞のために著述の種を得んとてこの秘境にわけ入って来る「里人」が、自分で自分の命を削っているのを反省せずにはいられなかった。一九云々というのは、彼が一九の依頼もあって秋山行に及んだのを言う。一九はむろんそれを売文の種にするつもりだった。秋山の人びとは「天賦」を守り、正直一遍で聖代の俤があると彼は思った。

もちろん彼は、髪はざんばら首筋は真黒というこの地の女たちにたじたじとしたし、囲炉裏の前に立ちはだかって、太腿まであらわにして蚤かしらみをとっている若い女には、目のやり場に困った。だが女たちの中に美人がいるのを彼は見逃さなかった。「容すぐれ、鼻ほどよく高く、目細う、蛾に似たる黛《まゆ》、顔はいささか日黒むと見ゆれども鉄水《かね》つかぬ歯は雪よりも白く、若人は一目に春心も動かす風情」と書くとき、この隠れ里の女に対して彼が一片のあなどりも抱かなかったのは明らかである（『秋山記行』）。

菅江真澄は古松軒のように土地の良し悪しなど論じない人で、彼が『東遊雑記』で岩城領の亀田をほめ、佐竹領の久保田をくさしたのにも、「何か心のかなわぬ事ありしにや。さりけれど、ふみは千歳に残るものなり。心にかなわぬとて、いかりのままに筆にしたがうものかは」と疑義を呈さずにはおれなかった。ここの風俗はおくれているとか見苦しいとか、彼は書いたことがない。第一、そういうふうに心が働かなかった。彼の目はもっと別なものを見ていた。信州戸隠山の民家に宿をとると、女童が「雨ふれ、雨ふれ」と言っている。母親がそれに「心配しなくていいよ。今宵は降るだろう。雲の形が大変よい」と答えている。この辺りはもう四十日余り雨が降っていないのだ。むろん旱天は百姓の患いである。しかしそのことより、真澄の目は少女の振舞いに注がれていた。彼女は小さい岩の間に自分で植えた山桜草や玉すだれに、せっせと水をやっているのだった（『くめじの橋』）。

真澄はそれぞれの土地に根ざした生活の表情に第一義の関心を寄せた人であり、その土地の暮しぶりがたとえ外見貧しいものであっても、その貧しさをただちに悲惨さと解さず、むしろそのうちに含まれる何らかのゆたかさや充溢を読みとろうとするまなざしの持ち主だった。どんな貧しい暮し向きであっても、ある土地に根ざして生きるということには、それなりの報酬が含まれることを彼は知っていた。

彼がとらえたのはほんとうに断片的で小さな情景である。下北半島の東海岸にあったという尾駮《おぶち》の牧を確かめたくて田名部を通ると、子どもたちが集まって「ちえから、ちえから」と鴉を呼び集め、米やおこしを投げ与えていた。東海岸の泊では、家の屋根に石の地蔵が据えてあるので、その訳を聞くと、石工が刻みそこなったのをもらって来て屋根の板が風で飛ばぬよう重しにしているのだった。旅の修行者などがありがたそうに「南無家《や》の棟の地蔵尊」と鉦を打って拝んでゆくという。砂子又というところで泊った家の老爺は、夜がふけて波の音がほのかに聞えると、枕から頭をあげて「鳴るのは東の海の波音か、西の方角の波音か。東なら晴れ、西なら大雪」と言って、咳払いして南無阿弥陀仏と唱えた。こういったほんとうに些細なことが、生きるということの実質を語っていて、尊くおもしろいことに彼には感じられたのである。この尾駮の牧を訪ねる寛政五年の十月から十二月の旅では、行く先々の村々は寒気で凍りついていた。雪の吹きこむ宿で眠れぬ夜もあった。だから悲惨だとは彼は書かなかった。凍てつく寒気の中で村は生きていると彼は書いた。

下北半島は当時でも僻地中の僻地であったろうに、真澄とともに旅するわれわれはひとつもそういう感じを抱かない。通りすがりの眼には貧しいとしか映らない暮しぶりの内部にかくされているものを、真澄の眼を通して見ることができるからだ。北海岸の桑畑から下風呂に至る道で、案内の子どもが沖の釣舟を見て、易国間のそい、杉の尻の鯛、いちのながれのすずき、桑畑のばくとく、ゆるみのたなご、黒崎のあぶらこ、つぶたのびりくそ、さくまのなめとなど、それぞれの浦でとれる魚の名前を教えてくれる（『牧の朝露』）。浦々に魚の名所があるのだ。これを賑わいと呼ばずして何と呼ぼう。

尾駮の牧の帰りに、陸路は凍って通れないというので、泊から白糠《しらぬか》まで舟で行くと、海面に突き出た岩に生える槙や櫟を白い布で包んだように雪が降り埋めている有様がおもしろい。岩間から流れ落ちる滴は半ば凍って、雪が砕け落ちるように見える。固く凍って木樵りでさえも歩めないという岩石おとし、むかしそういう名の人が落ちたという治左衛門ころばしといった難所も、下から仰ぎ見るとおもしろい景色である。舟を漕いでいる村人たちでさえ風情を楽しんで目を離すことができない様子だった。あたりにあわびやたこを突いてまわる舟が沢山出ている中を、飛ぶように走ってゆく舟は鱒の網引きをするのだという。村人たちはこういう目の賑わいの中で生きていたのである。

村々には様々な年中行事の娯みがあり、真澄の目はむろんそれを見逃さなかった。陸奥の胆沢郡徳岡というところで迎えた正月の十二日、若い男たちが大勢、藁笠をかぶり、肩と腰に稲藁であんだけんだいというものをつけ、鳴子を胸と背にかけて、鈴や鉦を打ち鳴らしながら家々を訪れた。米や餅を与えると去ってゆくが、なかなか立ち去らないときは「ほうほう」と追うと、「けけろ」と鶏のまねをして逃げてゆく。深い雪を踏み散らし、どよめき騒ぎ、夜のふけるまで歩き廻るのであった。これはかせぎとりといって、無病息災をねがうまじないだった。よそから来たかせぎとりと行き合うと、雌どりか雄どりか問う。雌どりと答えると、それでは卵をとろうと、もらい集めた餅を奪いとろうとする。雄どりと答えれば、ではけどりをしようと、闘鶏の振舞いをしてつかみ合いになるのだという。

十三日、十四日とかせぎとりが続き、十五日の夜には、若い男女が白い粉を掌にして待ち構え、行き合う者の顔に塗りつける。これは「花をかける」といって、稲の花がよく咲くようにというまじないである（『かすむ駒形』）。

津軽の夏泊半島のつけ根にある童子という村では、結婚してから三年は親里へ通う習慣のあるところとて、一月二十日は初婿初嫁が、鏡餅やら鮭やら鱈やらを背負った男を従えて、深雪を踏みわけて嫁の実家へ急ぐ姿がいくつも見られた。このような夫婦が訪れる家々は、囲炉裏に火を焚いて春のように暖かく、たらの白子、かずのこ、たらのこ、なますを大皿に盛りあげ、去年から仕込んであった濁酒を一同で汲みかわす。三日は婿嫁が帰る日で、四日五日は近隣の者たちが新年の挨拶に来る。古びた羽織・袴を着、古ぼけた扇を半ば開き、樽代といって一包みの銭を差出すのがきまりで、挨拶がすむと濁酒が出される。「石川の橋のたもとに立つ女童《めらし》、嫁にとるべが名をなのれ、おれに問うより親に問え、親の定めた妻ならば、いくしましょてや仲人《おちゃく》どの」という山唄を酔うた老人が唄えば、女たちも「十五七が、沢をのぼりにうどの芽かいた、うどの白根《しろね》を喰いそめた」と声をそろえ手拍子を打つ(『津軽のつと』)。

出羽の比内郡大滝では、一月の八日は「日待ち」といって村長の家に大勢が集まり、油火を沢山照らして銭を積み、ばくちをするのであった。これは掟にはそむいているが、「正月の今日ばかりは」と村長は見逃している。遊びは夜が明けるまで続き、村長の家に泊っている真澄は奥の部屋でともに一夜を明かした。

十五日には、家の庭に大臼、小臼を伏せ、台所に大鍋、小鍋を伏せて、梁には粟穂の餅、稲穂餅、まゆだまの餅などを、篠竹やみずきという木の朱色の枝に差し貫ぬいて飾り、屋内はまるで花園のようであった。十六日は今日から小正月だというので、女たちは着飾って、めいめいがしたい放題の遊びをしていた。十九日は若い女が一軒の家に集まって、織姫を祭るとて餅をあぶり酒を飲む。二十八日は彼岸念仏の老婆たちが大勢酔って群れ、鼻声をしてさわぎ立て、鉦鼓ではやし、獅子頭をいただいて踊り舞う。寺からの帰路、路傍で倒れている者もいた。二月二日は彼岸の終りとて、家々では濁酒を暖め、わかめを和えたのを肴にして酔い、夕方には墓場に飯や餅を手向けて火を焚き鉦を鳴らし、童たちは「おおじな、ほおばな、あかりにいっとらいいっとらい」と藁火を振りながら呼ばわっていた（『すすきの出湯』）。

　この里では一月八日には「押付舞《おっつけまい》」をして楽しんだ。これは男が股間にすりこぎを結びつけ、それを前だれで隠して、頬かむりして女たちを追い廻しながら舞うのである。十四日は長興寺という寺に夜ごもりをするというので、大勢の人びとが群れをなして歩いているのに、皮衣を着、犬を引き連れた荒くれ男たちが通りかかって、中に美しい女がいるのを見て立ちどまり、「よい女だなあ。さったてをほろにして、ねねつふをけあわせたい」と言って、笑って立ち去った。彼らは狩人であって、またぎ言葉でねねつふは女性器、さったては男性器、ほろとは大きいことを言い、けあわせるとは交わるの意という。真澄はこのようなあからさまな性の猥雑に眉をひそめる人ではなかった。

　真澄は村人の生活が名所旧蹟とそれにまつわる物語によって奥行きが増しているのに気づいていた。世に知れた名所旧蹟ではない。その里に住むものだけが知る旧蹟であり物語であった。古川古松軒は福島近郊の松田村にある甲《かぶと》大明神を一見し、笑いにたえぬ思いをした。ここは悪源太義平を祭った社で、義平の甲が空中を飛来して松の木に止まり光りを放ったという伝えがあり、その甲は現に松の木の根元に埋まっているという。「埒もなき事なり、諸国にかくのごときの馬鹿の説多きものなり」というのが古松軒の見識である。神主が古い巻物を持ち出して巡見使たちの頭を撫で、汗を流して巻物を読み上げるのにも失笑した。巡見正使の藤沢要人も「武運長久を義平にあやかりては迷惑なり」と笑ったということだ。

だが真澄は津軽の松森という村の近くで、あらはばき明神という社に参った時、見ただけのことを書いている。これは義経の脛巻《はばき》を神と奉ったという、サイカチの森の中の祠だった。馬草を刈っていた男が寄って来て「こんな小さい堂ですが、判官殿の脛巻《はばき》をおさめて、あらはばきの杜《もり》ともまたしりべつの林とも申して尊い神です」と語り、その声といっしょにほととぎすがさかんに鳴いていたと彼は記すのみである。続いて青森の港の近く妙見の林にある以賀志乃《いがしの》という神社あとで、神主が「何の神を祭ったのか、尋ねる人も知っている人もありませんが、この社の古い絵図が私の家に伝わっており、書きものにも記されてあって、田村将軍を祀るとも、また蝦夷の霊を祀ったのだとも言い伝えています」と語ったと彼は記す（『すみかの山』）。

秋田の本館という所は、甲斐の国から逃れてここに館を構え、百姓たちの計略に陥って滅んだという武田重右衛門尉という武将の旧蹟という。真澄は寺で重右衛門尉の位牌を見て涙をこぼした。武田は自らの圧制のため百姓の反抗を招いたのだが、それもいまは土地の霊のひとりになっている（『おがらの瀧』）。

彼は奥州のいたる処で、このような名も知れず得体も知れぬような神々が祀られているのを見た。またそれにまつわる武将興亡や貴種流離の必ずしも信ずべからざる話も聞いた。その際見た通り聞いた通りのことを書いて、一切批評を雑えなかった。だが彼は知っていたというべきである。このような神々や旧蹟が、里人の暮しに歴史という厚みを加え、品位と風雅とゆたかさを添えているのだということを。

岩手の大原の里に滞在していたとき、誘われて滝を見に行くと、その下の方に領主伊達吉村が生れた館の跡が見えた。「よしや吹けとても散り行く花ならば嵐のとがになしはてて見ん」という吉村公の歌を、この辺りでは作者も知らずに、花を見れば男も女も、野辺で草刈る子どもまでも口ずさむのだという（『かしわの若葉』）。それはおなじ岩手の徳岡のあたりで、道案内の子どもがとび出した兎を見て口にした民話もどきの歌と同様、鄙の文雅というべきだった。これはむかし田螺《たつぶ》が「旭さすこうかの山の柴かじり耳が長くておかしかりけり」と詠んだところ、兎が「藪下のちりちりちり川のごみかぶり尻がよじれておかしかりけり」と返したというのである（『かすむ駒形』）。

岩手の曲田という村に宿ったとき、人里に近い山で鹿が声高く鳴くと、家の子どもが窓から頭をさし出して、「あの山で鹿が叫んでいる」と言う。男たちの話では、何かの神祭で籠り明かした朝、笛鼓の音にうかれて、放牧の馬にまじり、角を振りたてて鹿が踊った。自分たちはかや野にかくれて見ていたが、この子が叫んだものだから、木の繁った山の中にみな跳びこんでしまった（『けふのせば布』）。まことに鹿も兎も田螺も、そして神々もむかしの貴人や武人も一体となって織りなす物語の界域に人びとは生き、そして死んだのである。それが真澄の見た世界だった。

みちのくは唄の世界だった。女たちはアサリを掘れば唄い、紫菜《のり》をつめば唄った。また子どもはしじみを拾いながら唄い、鳥追いの番をしながら唄った。陸奥の十三《とさ》湖の南で宿った家で、早朝親に草刈りに行けと起された娘たちは、腰に鎌を差し、門口から唄をうたいながら出て行くのだった。赤倉山の谷間では、女たちが鋤鍬をとって山畑を耕しながら唄う声が高い山にこだましていた。秋田の湯沢近くで出会った女は、鋤をかついで「八森のもやのとんけの八重桜、枝ははち盛り葉は能代、花は久保田の城と咲く」と声面白く山唄をうたった。秋田の大滝温泉では、湯治に来た男女が別れを惜しむ酒宴を張っていて、声のかぎりに「けやくはなれとお庭の草こ、うらこは枯れても根こはきれない」と唄っている。陸奥の暗門《あんもん》の滝の山小屋では、夕方になると山へ入っていた男たちが次々に唄いながら帰ってきた。十三の湖を訪ねて行く途中、北方に遠く赤土の山が見えたので、連れに何という山か尋ねると、うしろから馬に鞭うって走り過ぎようとした者が「十三の砂山米ならよかろ、のぼる大船人《べんざいしゅ》にゃただつましょ」としわがれ声で唄ったので、あれが十三の砂山とわかった。

花も暮しの節々を飾った。秋田の岩崎（現湯沢市）というところに滞在中三月二十三日に桜が咲き出した。ひかん桜に似ている。これは芝桜とも、また苗代のころ咲くのでたねまき桜ともいう。これより早く咲くこぶしは田打ち桜というのである。花と農事が結びついていた。古城の跡では女童がすみれを摘んでいたが、これはさとかたこと呼ぶ。桜といえば岩手の田河津というところでは、見渡すかぎりの峰にかかる雲、麓にたなびく雲はみな桜の花である。村の家々の垣根は山吹の花に埋《うず》もれ、夕日に映えて、言いようもない趣きだった。津軽の三内（現青森市）の桜が名高いので見に行くと、遠近のどの山も、村里もすべて紅《くれない》の雲がたなびくように、薄い色の桜が咲きわたっていた。

津軽の十三の湖《うみ》の北には早乙女平《そとめたい》という広野があり、さおとめという花菖蒲の一種が花ざかりだった。真澄は紫のむしろを一里ばかりも敷いたようだと記している。秋田の能代に近い丑《うし》首頭《のくびと》の村は桃の園で、幾千本の桃が折しも花盛り、しかも畦垣として何千本の八重桜がびっしりと植えられ、これも満開だった。近くの丘に登ると、雲と見紛う桜、雪かと見やられる李や梨の花に遠近が霞み、まことに仙人の住みかと思われた。広い野にほかの草木はまったく茂らず、藤ばかりが生い重なっているところも歩んだ。濃い紫の花が夕日に輝くさまは、この世にまたとたとえるもののない景色である。

花はとって喰うわけにはゆかぬ、などと言ってはなるまい。真澄はこのように折々の花に囲まれてあることを暮らしのしあわせと感じたのである。男鹿半島のある村里について彼はこう書いている。「軒端の山には桃・梨・杏の花、背後の山にもいちめんに桜が咲き、海では海藻をとっているなど、まことに楽しげなところと眺められた」（『男鹿の春風』）。みちのくの暮らし、それも冬の暮らしがいかに苛酷であるか真澄は熟知していた。しかしその苛酷の裏側に人生のゆたかさと楽しさが隠れているのも彼はおなじようによく知っていたのである。

真澄がみちのくで見た地方地方の生活の楽しさと床しさは、対馬の西山四郎兵衛という人が嘉永三年に作った「仁田組木坂詣《もうで》」という一文にも溢れ返っている。西山は仁田の宮原村に寓して、近辺の児童を教えていた人で、この七五調の一文は児童の読本として作ったものだという。仁田というのは下島の西海岸にあり、仁田、樫村、瀬田、飼所、宮原らの村々を仁田組と称すらしい。木坂は仁田より三里ばかり南へ下った港で、ここに海神神社がある。

木坂詣を思い立ったなら、まず下里の浜より船に乗り、犬が浦で水を汲み、便を乞う人があれば乗せて、海原へ漕ぎ出し、次々と現われる海辺の村々を眺めながらやがて船は木坂に着く。「広き浜辺に尺地《せきち》もなく、浦々湊の船々の、艫を揃えて繋ぎしは、実《げ》にいさましき有様なり」。そこで思い思いの手提重を開いて中食。中味は鮎椎茸に附《つけ》玉子、茄子、豆腐、昆布、鯨の黒皮、津蟹味噌、鯵、鰯。中食がすめば真岡金巾《かなきん》の単物《ひとえもの》に着替え、縮緬緞子《ちりめんどんす》の抱帯《かかえおび》を締め、晒《さらし》手拭や編笠をかぶり、「老は手をとり幼きは抱き背負いて」登山して参拝となる。「老若貴賤、群集《ぐんじゅ》して」いるので、「圧《おし》倒されず躓《つまず》かざる様用心し」なければならない。参拝が終って下山すると、浜辺には素麺《そうめん》、煎餅《せんべい》、水飴の店々が並び、人形、子どもおどしの鬼面、大鼓横笛振鼓《ふりづつみ》、櫛笄《こうがい》に墨筆など土産物が美しく飾り立てられている。土産を求めて船に乗り、もとの大布に着替えて晴の衣装は風呂敷に包みこみ、鉢巻褌引きしめて漕ぎ出す。剣崎という所に着くと、ここで振舞いがあって、握り小豆の蕎麦粽《ちまき》、蜜焼酎や握り飯が出る。女童が打寄って今様を唄う声が鶯の初音とも聞かれ、腰のかがんだ爺婆まで思い思いの芸くらべが始まる。唄い戯れてやがて日も傾けば、また船に乗りこんで元の浜辺へ帰り、松明《たいまつ》振り立てて家路をたどるのである（『楽郊紀聞』）。徳川という時代は本土から遠く離れた島々にも、こうした生きる楽しみが「年に一度の鬱晴し《うさばらし》」であれ訪れた時代であった。

10

ぬしが殿様じゃったや

江戸時代はむろん武士が統治する世の中だったから権力を掌中にする武士と庶人との関係如何は、世間の空気を左右する重要な要素だった。武士が権を専らにする根拠を、天野信景は「およそ男夫は稼穡をつとめて已れも食し、人に与えても餓えざらしむ。女子は紡績を事として自らも衣《よそお》い、人をしても暖ならしむ、これ人倫の大本なり。家宅を作り什器を制して用に備うるを工《たくみ》と称し、互いに通利するを商という。農工商の三つをすべてその道を教え、その乱をなさざらしむを士という」（『塩尻』巻之三十三）といったふうに説いていて、これは当時の通念であったろう。しかしこのように、武士の職分を社会のマネージメントを担うものとして正当化したとしても、武士の権力の源は二本差していることにあったから、話はそうすんなりとはゆかぬところがあった。

中野三敏は「町人による武士階級への抵抗精神云々という」俗説に対して、歌舞伎の花川戸助六は「武士への抵抗精神の発露などではあり得ず、それどころか、これは典型的な町人の武士願望の姿と解する方が」当の江戸っ子の意識にかなっており、「立派な武士は常に尊敬の対象ではあっても抵抗したり批判したりする必要はなく、むしろそれにあこがれたのが江戸っ子本来の姿であった」（『江戸文化評判記』）と説く。おそらく中野の説く通りだろうが、それでも支配者たる武士と被支配者たる町人の間には当然トラブルもあった。

しかし、そのトラブルは、町人が武士という身分に対してあまりおそれ入ってはいないことから生じた。芝切通の料理茶屋で酒を飲んだ侍が、座を立とうとして脇差を取り落し、それが衝立《ついたて》の向こうで飲んでいた町人のそばに落ちた。侍は丁寧に詫を言ったが、町人は脇差を膝もとに引きつけ、空うそぶいて返事もしない。今は持ち合わせがないが、宿元に帰って応分の挨拶をするから返してもらいたいとまで頼んでも、この脇差返すわけにはいかぬと言い張ってきかぬ。そのやりとりを見かねた別な侍が亭主に調停するよう促したが、町人は亭主のとりなしもきかない。今度はその侍が怒り出した。「不届きなる素町人、この上は相手の侍は事を忍ぶとも、我ら合点なりがたし」と刀ひっ提げ打ち果さんばかり。すると町人は脇差を置いて飛んで逃げた（『耳袋』）。

この町人、性根がよくないのはもちろんだが、侍に無理をしかけてその無理が通るのが面白かったのだ。大坂の俠客朝日奈三郎兵衛は十歳のとき武家から謝罪《あやまり》証文を取った。その由来は、三郎兵衛少年が立花藩の中間と堤で涼んでいると、三十四、五のたくましげな侍が通った。中間が「あっぱれの男ぶりかな。なかなか、あのくらいの人へ出入りしては勝ちにくからん」と言うと、少年は「自分があやまらせて見せん」と、中間が「いらざる事」ととめるのも構わず侍に組みついた。相手は子どもだから、侍は払いのけて通る。また組みつく。それが度々重なるので、侍は「面倒なる倅《せがれ》かな」と今度は投げた。少年「投げられ踏まれてはもはや堪忍なりがたし。いざ殺し給え」と放さない。まさか殺すわけにはゆかぬ。もて余した侍は言葉を和らげて「汝憤る事あらば了簡《りょうけん》いたすべし」と言う。了簡とは我慢してあやまることをいう。「さあらば書付けたまわれ」と言うと、さすがに拒んだが、少年が書けぬのなら殺せと言い張るものだから、とうとう侍は詫証文を書いて渡した（『耳袋』）。三郎兵衛はその詫証文を懸軸にして、一生の間飾ったということだ。それを怪しからぬと取り上げる役人はいなかったのである。

つまり武士とは町人にとって、一定の限界内で挑戦可能な存在であり、また挑戦し甲斐のある存在でもあった。ルールを活用すれば、町人は武士に対しておのれの男を立て意地を通すことができたのである。武士にはハンディキャップがあった。堂々たる侍が、まさか子ども相手に本気で刀を抜くわけにはいかない。それが朝日奈少年のつけ目だった。前記の料理茶屋の一件では、町人の言いがかりを隠忍した侍は、あとで助けてくれた侍に「某はたれ家来にて何某と申す者なり。先刻よりの始末、不甲斐性ともおぼし召されん。今日内々にてまかり出て、主人の名前を出さん事何とも歎かわしく、なにとぞ事穏かにと存じ、未練の振舞ともおぼし召されん」と言訳している。無断外出であるからには、藩の名が出るような振舞いは避けたいのだった。しかし挑戦する側が一定の限度を越えれば、今度は武士の意地、すなわち無礼討ちが待っている。

『元禄世間咄風聞集』によれば、元禄十五年四月末、水戸家家中の中山備前守の家来で十五、六歳の少年が音羽町で鳶《とび》の者二人と出会った。少年は江戸へは初めて来たばかりだったが、それらしいうぶな様子があったのか、鳶の者は少年をさんざんになぶり、その上撲った。少年が怒りをおさえてその場を去り、近くの茶屋で休んでいると、またさっきの鳶二人がやって来て、「やれやれ先程のでっちはここに居候」と言って、また雑言をかけ始めた。少年が怒りで顔を紅潮させると、「このでっち赤面いたし候や。赤面いたし候とて何事をいたすべきや」と罵る。「赤面《せきめん》」とは怒ることを言うのである。少年は抜き打ちに一人を斬り殺し、もう一人にふた太刀を浴せた。少年が無罪とされたのはいうまでもない。

また『鸚鵡籠中記』には、尾張藩の家臣栗田十右衛門の十歳の子が町人の子を刺殺して立ち退いたとある。「手習いに行く路にて、町人の子十二、三歳なるが毎度なぶり、あたまをはり、いろいろす。この子堪らず、父に訴えて切らんという。父も諾して利刀にさしかえさせ、ただ切らずに突けという。果たしてまたかの町人の子出てなぶり、組み伏せたるを下から突きたり。町人の子その晩に死す」。宝永五年のことである。町人の子が武士の子を餌食にして、嘲弄し頭を撲るのを常としていたというのだ。立ちのいたとあれば、十右衛門の子は行方をくらましたのだろう。

しかし無礼討ちは、したはしたでその後始末が厄介だった。無礼討ちといえども殺人であるから、当然司直の手がはいる。場合によっては、無礼討ちをした方が咎められることもある。

できれば刀は抜かないのが最善なのだった。平松義郎によれば、無礼討ちは『御定書』に、「止むことを得ぬ場合という緊急性、法外の雑言等がなされた事実が吟味の上紛れないこと、という条件が明記され、実際の手続上も顛末を見ていた目撃証人が必要とな」り、おそくとも寛政期以後は「抑制すべきものという観念・慣習が成立している」という。

文政十三年、二の丸留守居木村備中守が退番して帰る途中、番町の鳥井侯辻番所のあたりで、轎夫《かごかき》四人が酒に酔い、空轎《からかご》をかついで道を横行していた。木村の乗った馬の口を取る者が道をあけるよう声を掛けると、悪口雑言して撲りかかってくる。向うは四人、こちらの口付きは二人で、たちまち打ち伏せられる始末。それでも木村は馬脇の中小姓に言いつけて、相手をなだめさせようとした。あくまで刃傷は避けたかったのである。しかし轎夫たちは収まらない。今度は木村自身が声を掛けたが、かえって悪口して手向って来る。ここに及んで木村は中小姓に耳打ちした。書上久蔵というこの男、ただちに刀を抜いて一人を斬った。たちまち三人が逃げ去ったが、残る男は剛気で、「斬るなら斬れ」と詰め寄ってくる。久蔵は刀を振るったものの、切りはずして自分の足指を傷けた。勢いに乗じてかかってくる男に二の太刀を浴せると、男は掌で受けたので五本の指が切り落された。さらに鬢《びん》のはずれを切られて溝に落ちたところを、四の太刀の袈裟がけで男は絶命した。絶命する前、手をあげて顔や胸をひと撫でしたという（『甲子夜話続篇』巻四十六）。

まことに悲惨な結末で、こうまで意地を張らねばならぬのかというのは、現代人たるわれわれの当然の感想であろう。しかし斬った方はこのあとが大変なのである。木村は鳥居侯の辻番所に赴いて、「今見たる狼藉の始末、これまで一向構わずありしこと、番人の作法に違《たが》うべし」と一本釘を差し、しかし定法であるからと久蔵の身柄をあずけ、それより鳥居侯の邸宅に入って後始末にかかった。後日、木村の始末は行き届いたものと評判だった。

素直に通してやればよいものを、それではおのれの男がすたると思いこむのが当時の江戸っ子というものだ。そして、これが町人同士のことなら、盛大な撲りあいの挙句、仲直りの酒盛りで終ったであろうのに、相手が刀を差していたのでこんな無残な結末となった。相手が武士であろうとここで退《ひ》けば沽券にかかわると、命を的に刃《やいば》に向っていく江戸版無法松も哀れなら、それに一太刀振わねば面目を保てぬ侍も哀れであろう。しかしこういう事件も、当時の庶人が武士に対しておそれ入ってばかりはいなかったことの結果なのである。

ふつうの江戸っ子は武士を尊敬し、その恰好よさに憧れてもいただろうけれど、一方では武士という存在を相対化するしたたかな意識も持っていた。次の挿話はそのことを証する。

お城の御賄頭を勤める大木金助は、官務の間には絵を描き医業も施すという人物だったが、堺町の歌舞伎芝居を見物したときに知りあった十三歳の少年が絵が好き学問が好きで、とうとう大木宅に住みこんで書生のようになってしまった。この少年は芝居小屋の真向いの芝居茶屋の息子なのに、狂言を見ることが嫌い、弁当を芝居小屋へ運ぶのもいやという変り者で、明け暮れ学問ばかりしているものだから、これでは家業を継げぬと心配した親がいろいろと説諭するが利き目がない。とうとう親が諦めて大木にあずけたという次第だが、その親の大木に語った言葉が傑作だった。「倅の儀はとても相続いたし役に立つべき者にあらず、かかる不了簡《ふりょうけん》の者は侍にでも致さずば相なるまじき」。大木が根岸鎮衛を訪ねてこの話をしたとき、二人は顔を見合せて大笑いになったという（『耳袋』）。

真木野久兵衛は牛天神（現文京区）あたりで道場を構える達人だったが、ある日三人の町年寄（あるいは豪家の町人とも伝わる）がやって来て、剣術を伝授してくれという。弟子になっても秘伝の伝授ばかりせっつく。久兵衛は桜の馬場で三人と会い、約束の伝授をしようとて、三人を従えて馬場の端から端まで走った。老年の久兵衛は半途で息が切れたのに、三人はもう端まで走り着いている。介抱に立ち戻った三人が「走れとおっしゃるので走りました。さあご伝授下さい」と言うのに、もう済んだと久兵衛は答える。合点がゆかぬ三人に向って久兵衛いわく、「剣術は身を守るためのもので、こなたより求めて立ち向うのではない。避けようとしてもままならぬときに用立つのが剣術である。あなた方は武家ではないから逃げるのが一番だ。武士は逃げることのできぬ身分だが、町人は逃げて苦しからず。三人ともあの通りの走りゆえ、逃げ足達者というべきである。当流の極秘はその外にはない」（『耳袋』）。

武士は逃げることはできないが、町人は逃げてよいのだと言うとき、久兵衛は町人の身分を侮ったのだろうか。そうではあるまい。逃げることの叶わぬ武士よりも、逃げて当然の町人の方が人間の本然に近いと彼は考えていたのではあるまいか。そもそも逃げてよいのなら、相手を斬り殺す術など習う必要がないのだ。逃げてはならぬという因業な定めを負うからこそ、武士は他の者には無益な殺生の技を習うのである。久兵衛はそれを言いたかった。

むろん武士と庶人はつねに、ひとつ間違えばトラブルを起すような緊張関係にあったわけではない。彼らの間には主従の関係が結ばれることがあって、それはそれなりに情愛のかようものでありえた。将軍家の奥医師桂川家の娘のみねが回想していることだが、桂川家には毎年秋になると御蔵島から椎茸、薪など、島の産物が届いた。椎茸は「やわらかで肉が厚くおいしいことといったら、今は（昭和初期）もうとうてい味わわれない味」で、それが三尺四方の箱にぎっしり詰まっているものだから、方々へ分配しても余って、邸では当分椎茸ぜめだった。薪も「大束で何百把か、積み上げたところは三間四角ぐらいだった」。これは桂川家の初代甫筑が老中に交渉して、回漕船を江戸へ直送させるように計らったのを、島人が徳として永く忘れなかったのである。甫筑が周旋したのは享保十年というから、みねの時代まで百数十年のあいだ、島人はその仕来りを守って来たのだ。維新でみねの家が没落したのちも、島人はその仕来りを続け、みねの父に「殿さまあ」と膝まづき、「ご直参がなんとまあお気の毒だあ」と狭い家を見廻すのだった。もう置くところもないからと断っても数年はやって来たが、実際に置き場所もないとわかってから姿を見せなくなったという。

御蔵島は八丈島近くの離れ小島である。「口つきから色の黒さから一見都離れした島の男がひょっくり江戸表にあらわれ出た時の光景」が印象深く、みねは御蔵島というとお伽話の世界のように思うのだった。「御酒でも出るといちいち舌鼓してもったいねい、もったいねいといっておしいただ」くし、「おこりでふるえるような者に葵の御紋の書いたものでも見せますと、けろりと一度になおってしまうぐらい、純朴な可愛い人達だったのです」(『名ごりの夢』)。

それなりの武家屋敷には、奉公人のほかにつねにこういった出入りの者がいた。庭師とか鳶の者とか、あるいは目明しとか、つねづね屋敷に出入りする者は、主人との間に一種のゆるやかな主従関係をもっていて、そういう屋敷を中心とするいくつものサークルが、江戸期の世間のもっとも基礎的な小集団として少なからぬ働らきをしていたように思われる。今泉みねは、桂川屋敷の門脇の長屋の人びと、植木屋、畳屋、大工などは桂川家という大家族の一員だったと言っている。またゆきつけの船宿のおかみは、桂川家にとって忠義者の老女のようなものだった。出入りする者にとっては屋敷と関係を持つのが誇りであり生き甲斐であったろうし、出入りされる方は世間の生きた空気に触れることができた。これは小さな情愛の世界であって、武士と庶人を結びつける強いきずなでもあった。

むろん武家にはより狭義の主従関係にある従者というものがいた。しかし江戸を初めとする城下町の都市化が進むにつれ、従者は渡り者を雇う場合が増え、主従はだんだん血の通う関係でなくなってゆく傾向があった。それはともかく、日本の主従関係には西洋人が驚くほどの下剋上の様態があったことを忘れてはならない。主従は今日の私たちが思うほど、窮屈で隷属的な関係ではなかったらしいのである。『鸚鵡籠中記』の筆者朝日重章は尾張藩士だが、元禄九年の日記にこう書いている。「僕善介応答悪き故、予、杖を以てこれを叩く。善助沈酔し、予が奥へ入りしあとにて脇差をひねり廻し、立て膝をしてかまえたりという。笑うべし」。

橘南谿は「上方の主従というは名ばかりにて、近来は主の方よりかえって奴僕のきげんをとりてめしつかい、奴婢よりはかえって主人を下目にみて、つとめてやると心得」る風だと言い、「武家はかく別なれども、三都（京都・大坂・江戸）の町家は、たとえその奴婢いかようの無礼不法をなしても殺すことはさて置き、こぶし一つ与うる事もならず。もし怒りに乗じて打ちたたきなどする時は、公辺殊の外むずかしくなりて、その主人なんぎ蒙り、ついには家をも破る程に至る」と嘆いている（『東西遊記』）。ちなみに南谿は重章より八十年のちの人であった。

日向国都城の修験野田泉光院（成亮）が全国を廻遊したときは、平四郎という荷物担ぎがついていた。この平四郎、従者のくせに主人の泉光院に文句は言うは楯つくは、とにかくいっぱしの振舞いであった。日記には、平四郎機嫌悪く返事せず、何が気に入らぬやらといった記述が頻出する。しかし托鉢については意欲的で、少々体調が悪くても稼ぎに出る。「平四郎今日も甚だ様子悪ろし、然れども托鉢稼ぎはつよし〳〵」。そして泉光院に説教する。「昨日どもは托鉢のしよう甚だ大様なり。天気よろしき時せっかく精出しおき、村々走り廻り、雨雪の折りは休息し、また山々登山の役銭の用意、前もって格護（覚悟）致しおかねば、急々には取立てがたし。前以て勢出すは欲にはあらず、天気もよろしきに托鉢勢出さぬはわがままなり」。

平四郎が病に臥すと、泉光院は欲は病のもとというが、この男の場合がそうではないかと、つくづく寝顔を眺めるのだった。

播磨国の善根宿で主人が「この辺りでは百合草というものを作る。日向でも作るか」と問うので、「野辺に自然に生えるのはあるが、畑にわざわざ作ることはせぬ」と答えると、あとで平四郎「先刻のごとく云うものにあらず。珍重すべき物は珍重すべし。さすれば馳走に逢う。以後かようなる所は気をつけ返答し給え」とまたも説教である。甲州の宿で年越しをした折、障子の張りかえをしてやったが、その張りかえの仕方がぶざまだったと平四郎は非難する。さすがに泉光院も「障子張りはわが職分にてはなし。ほかに気を入るることあり」と言い返すと、「何事ぞ」と来る。「昼夜ただただ厳粛の工風のみに気を入るるなり」と答えて澄ましておいた。

宿をとる際も平四郎が主導権を握っていて、折角宿があっても、ここは坊主やら女子やらが同宿だからいやだとて、さっさと先にゆく。おかげでまたずいぶん歩かねばならぬ。「ああ難義、坊主が居ても女が居ても一夜の事なり。永々の旅思うようには出来ぬ事なり」と泉光院はその夜日記に書きつけた。飯は平四郎が炊いてくれるのだが、倹約好きだから朝暮雑炊である。そして「それ雑炊というは、大内にても年の始、七日の御儀式にはこなかきの御祝いとて七種を献ずとかや」と能書きを言う。おかげで泉光院は「大便はゆるくなり、小便は日夜幾度となく雪中を厭わず走り行き、その往来にも腹へり」といった有様になった。しかし、とにかく一所懸命働く重宝な男ではあるし、二人は喧嘩別れにもならず、無事六年を越える長旅を終えたのである。

武士と庶人の間はそれほど階級的にかけ隔たったものではなかったようだ。勝小吉は少年時代、町の子どもたちと喧嘩ばかりしていた。当時は町内が違うだけで子どもは喧嘩したのだから、御家人の子どもと町人の子どもが常日頃喧嘩する好敵手であって不思議はない。まだ生家の男谷家に居た時分、五歳の時に長吉という町人の子と凧のことで喧嘩し、向うは三つばかり大きくて凧を取り上げて破られたので、切り石で長吉の面を撲り血だらけにさせた。それが父に見つかり「人の子に疵をつけてすむか」と庭下駄で頭をぶち破られた。

勝家に来てからも、ある日凧のことで喧嘩になったが、相手は二、三十人、こちらは小吉ひとりで、「ついにかなわず、干《ほし》かばの石の上に追い上げられて、長棹でしたたか叩かれて、散らし髪になったが、泣きながら脇差を抜いて斬り散らし、所詮かなわなく思ったから、腹を切らんと思い、肌を脱いで石の上に坐ったら、その脇にいた白子屋という米屋がとめて、内へ送ってくれた」。それから近所の子はみな小吉の手下になった。小吉七歳である。

ある日は小吉が飼っていた犬が亀沢町の犬と喰い合い、それで喧嘩になった。小吉側は八人、亀沢町の子どもは緑町にも加勢を頼んで四、五十人。得物は小吉側が六尺棒、木刀、竹刀、亀沢町側は竹槍を持ち出した。最初は小吉方が優勢で相手を追い返したが、二度目は相手は大人も加わったので、とうとう門内に追いこまれた。町方は勝ちに乗じて門を丸太でがんがん叩く。八人が脇差を抜いて切って出たところ、町方は総くずれとなったものの、仕立屋の息子の弁次というのが踏みとどまって、小吉の弟（七歳）の胸を竹槍で突いた。小吉がかけつけて弁次の眉間を切ると、弁次は尻もちをついてどぶに落ちた。

この一件はあとを引いて、小吉が柔術の稽古に行く途中、はんの木馬場というところに、亀沢町の子どもとその親たちが大勢待ち受けていて、「それ男谷のいたずら子がきた。ぶちころせ」と罵りながら、竹槍や棒を手にして小吉を取り巻いた。小吉は刀を抜いてまわりを切り払い、やっとのことで御竹蔵に逃げこんで窮地を脱した。このように町人は武士の子とて、決して遠慮はしていなかったのである。

川路聖謨はまだ実家内藤家にいた頃、七歳で手習の師に就かされた。幼なかったので、町の子にいじめられて毎日泣いて帰り、とうとう「内藤ナキチ」と仇名がついた。彼の幼名は弥吉だから、それをもじったのである。内藤家は微禄の御徒士。侍といっても、町人から見れば自分たちとほとんど同輩の存在であったろう（『東洋金鴻』）。

むろん勝家は禄高四十一石余の小身で、こういう小身の御家人は町人と暮しぶりがほとんど変らなかったそうだから、小吉が町人の子と入れ交って育ったのは当然の話だったろう。だが、渡辺崋山がかつて主君の側室だった女性を田舎に訪ねて行く話（『游相日記』）を読めば、大名家の奥向と田舎の茅屋がつながる思いがけぬ回路が見えて来て、思わず吐息めいたものをつかぬわけにはいかない。

天保二年、崋山渡辺登は三宅友信の命を受け、友信の生母を相模国高座郡の田舎に訪ねた。

この女性は三河国田原藩（一万二千石）十一代藩主三宅備前守の側室で、その頃はお銀さまと呼ばれ、友信を生んだ翌年屋敷を下って実家へ帰った。実名をまちといい、父は高座郡早川村の佐藤幾右衛門である。三宅友信は藩主の座にはつけなかったが、姫路の酒井家から養子として入った現藩主から、巣鴨に屋敷を与えられて厚遇され、登はその側用人であった。この年友信は二十六歳になっていたが、まだ見ぬ母が懐かしく、ひそかに登に命じてその近況を探索させたのである。登は少年時代お銀さまに可愛がられ、その美貌とやさしさは心に焼きついていたという。

登はまず早川村の幾右衛門家を訪ねようとした。近在で地理を尋ねると、幾右衛門のことを知っている者がいて、そのあたり知らぬ者のない酒好きの老翁であるという。娘が四人いて、一人は江戸で宮仕えをし、花をかざり錦を着て故郷に帰ったが、間もなく母が死に、女ばかりの家だからとて小園村の清蔵という者に嫁し、かわりに清蔵の弟が幾右衛門の家を継いだ。清蔵の家は村では旧家だが、人の世話ばかりして自分は貧しく暮しているという。教えられた道を進むと、子どもたちが群がって遊んでいる。幾右衛門の家はどこか、清蔵の家を知っているかと尋ねたら、清蔵の家なら近いとのこと。銭を与えて案内させて行くと地蔵堂を過ぎたところに、「栗のいが立ちたる童」がびっくりした顔で立っていて、これが清蔵の子だという。「よく顔見れば鼻のわたりより眉毛の間にいたり、まごうべくもなき吾が尋ぬる人の俤なり」。

その子のあとについて行くと、庭に栗を乾しならべ、犬や鶏の遊ぶ大きな農家に着いた。頭に手拭いをかぶった老女が「いずれよりお出になりましたか」とおそるおそる問う。初めはこの家の姑かと思ったが、いやいや二十年以上経っているのだから、昔の容貌そのままのはずはないとよく見つめれば、耳の下に見覚えのある大きな疣《いぼ》が見える。ああこの人なのだと容《かたち》を改め、「さて我、童なりし時御身にいと憐《あわれ》みにあずかりたる者なり。いささか恩に報いんために、厚木まで到るを、道を迂してここまでは尋ねいたれり。わが面影は誰に似しや、お考え候」と言うと、女はおそれた様子で「さようなる事はわが身に覚え侍らず。お殿様にはいずかたより到り給うや。もしや人間違えにてもありぬらん」と答える。「さにあらず。御身の名は何と申すや」と問えば、「まち」と言うので、登はさては人違いかと思った。実名を知らなかったのである。しかし今一度「お銀と申せし事もありや」と念を押すと、おどろいた風で「むかし江都にありし時はさも呼びし事あり。さあれば、君は麴町より入来り給うや」と、初めとは変った顔つきになり、登を家の中へ請じ入れた。麴町は田原藩邸の在るところである。

中へ入ると板敷で畳はない。花筵を持ち出して敷き、手拭いをとると「まごうべくもあらぬその人なり。ただ涙にむせびて、たがいに問答うる事もなくて時移す」。登が「さて、我は何と申す名に候や。お覚え候か」と言うと、「されば、御前《ごぜん》には上田ますみ様にても候や」という。上田は十五、六年前に世を去っている。「さすれば渡辺登様にて候うべし。いかがの故にてお尋ね下され候や。さて夢にてもあるべし」と言って、かたわらの子どもたちを紹介し始めた。子どもは五人いるのである。夫は所用で他出中という。やがて、そばかき、吸いもの、豆腐、卵などが出たが「味よろしからず」。ただ梅干しだけがうまく、酒は濁り酒でのどを通らなかった。「また行末こし方の物語に、涙落ちる事折々なり。わが身を語りては泣き、都の空を思いては泣く。ただ今日という今日、仏とや云わん、神とや云わん、かかる御人の草庵にお尋ね候はとて、むかしかたりに時移りて、日西に傾く」。

まちの夫には厚木の宿屋で会った。夜になって、息せき切って走って来たのである。顔は赤黒く、鼻は石のようで鰐口、眉は魚の尾の形、髪は栗毛で、声鐘のごとく「儼然たる村丈夫」だった。人柄を見とって登は甚だ安心した。

登はこの紀行文の中で、友信の命でまちを訪ねた事情には一言も触れていない。お銀様が何者であるかも書いていないのだ。挿画を含むこの紀行は、当時の習慣で知友の目に触れることもあったろうから、事情は伏せておかねばならなかった。厚木に用があったのでついでに廻り路をしたように言っているのは潤色で、厚木に用などなかったのである。あくまでお銀様に会うのが目的で、厚木の方がついでに泊ったにすぎなかった。また路用の一部を割いてまちに与えたと書いているのも、事をぼかしたのだ。友信から預って来た金子があったに違いないのである。友信の母を思う情も伝えたはずだが、その辺りは一切記していない。

一万二千石の小藩にせよ、仮にも大名家の側室であった者が、屋敷を下って草深い田舎の農家の嫁となる。側室であった日は渡辺登のような家臣たちからお銀様と奉られていた女が、二十五年の歳月を経て、登を殿様と敬う農婦に変じていた。大名家にせよ百姓家にせよ、この女にとっては人生という双六のひと齣にすぎなかった。当時の人生にはこのような振幅も含まれていたのである。麹町と小園村は遠く隔たりながら、互いに照らしあっているのだった。

身分の垣根は越えられぬものではなかった。これはひとつには、養子という日本独特の家の継ぎ方があって、何よりも家の永続と繁栄を主とする考えから、後継ぎを血のつながりによってよりも、当人の才器によって選ぶという習慣が、武家・商家・農家を問わず、多くの庶人の子の社会的上昇を可能にしたのである。しかも、旗本・御家人の株は金銭によって購入することができた。前にも記したように、勝小吉はもともと旗本男谷平蔵の三男だが、平蔵の父は越後の盲人で、江戸に出て産をなし、末子平蔵に旗本男谷家の株を買ってやったのである。平蔵の長男、つまり男谷家を継いだ小吉の兄は、中間から取り立てた家来どもに、残らず御家人の株を買ってやったそうだ。

さらに幕末になると、政治的事情の要請から、多くの庶人が士分に登用されたことはよく知られている。例えば水戸藩の侍講となった地理学者長久保赤水は常陸の農家の子、最上徳内と間宮林蔵も貧農の子、川路聖謨の父は日田代官の属僚だった。もっとも庶人の子が学者となり幕府に召されたのはずっと以前からで、治水家田中丘隅は武蔵国八王子の絹商人の子、青木昆陽は日本橋魚河岸の魚問屋の子である。本書でもしばしば登場する根岸鎮衛は、かごかきの出身だったなどと取沙汰されたが（山田三川『想古録』）、実は御徒組の士の子で、異例の出世が様々な風説を呼んだものらしい。

武士が藩籍を離脱するのはかなり自由であったように思われる。でなければこの時代の文人にあれほど多くの藩籍離脱者がいたはずはない。その多くに風狂の趣きが認められるのは、この時期、自由が狂ないし畸のかたちをとることが多かったのを意味しよう。しかし、その事情はおそらく現代においても変るまい。かの新橋の狸先生も戸田旭山も藩籍を脱した人であった。有名な例には岡山藩を脱した浦上玉堂、弘前藩を去った建部綾足がある。

かつて柳田国男は、災害と一揆ばかりで成り立っているような江戸時代史に嫌悪の念を洩らしたことがあったが、江戸時代には百姓一揆はむろん頻発した。だが、領主支配の根本を拒否するような一揆は一度も起ったことがない。それはむしろ、領主とは領民を育《はぐく》み慈しむものだとする理念に、領主ないし藩政がそむいたと判断されたときに、事態を是正するために発動されたので、正しき領主支配への是認はその意味で一揆の前提ですらあった。

藩主というものは領民にとってどのような存在だったのだろうか。菅江真澄は天明四年信州松本で、藩主が江戸から国入りするのに立ち会った。「この城の城主、武蔵より登りおましますとて、御迎えの人々さわに、明けはてぬより装い立つに、所せきまで、その君奉らんと、村々里々の男女入りみちて、君のいさおしを喜びあえり」。藩主が城に入ってのち雨になったのまで、日頃雨乞いしても降らなかったのに、ひとえに君の御徳だと、額を筵にすりつけて喜びあったという。このような光景は当時どこでも見られるところだったろう。真澄は寛政十年の旅日記にも、弘前で藩主の帰国姿を拝もうと、人々が群れ集まるさまを記している。むろん彼はこういう光景をありがたいものに思っていた。

大坂の商人高木善助は前にも書いたように、商用でしばしば薩摩へ旅行した人だが、天保四年大坂へ帰る際、筑前の木屋瀬《こやのせ》で百姓が大勢群集し、旅店の座敷がみなふさがっているのを見た。「是は国守君より百姓を賞し給いて、御酒頂戴、青銅《あおざし》一貫文ずつ下さ」るというので、近郊から百姓がおびただしく参集しているのだった。「まことに有難き国君の仁政、民は国の本なる御政事と思わる」と善助は記している。

しかしこのように領主をありがたがる気持ちは、領主がありがたくない人物である場合は一転して怨嗟ともなる。渡辺崋山はかつてのお銀様を訪ねたあと、厚木の町に一泊したが、宿で会った土地の侠客が「今ノ殿様にては慈仁の心、毫分もこれなし。隙を窺い、収斂を行う殿様を取りかえたらんこそよかるべしと思うなり」と語るのを聞き愕然とした。

その場には医師の唐沢蘭齋もいて、「厚木の郷、御領にならば上々、御旗本の知行にても可なり。御領、願い事すべて達すること早く、何事も寛大公平なり。また、上にある人、御代官等微禄、私しやすし。御旗本は上の威薄く、代官もまた微禄、故に民に勢いありて、代官も私に与《くみ》しやすく、上もまた、民の機嫌を窺う故に、勝手の訴え出来るなり。ただ小諸侯は、威勢強く穿鑿も行き届き、小の隙あれば刻（酷）政を行い、用金を申付け、収斂を専らとす。今、厚木の風是なり」と言う。崋山聞いてまた「愕然たり」。厚木は野州烏山侯（大久保佐渡守・三万石）の別封であった。

一般の庶人、それも辺土に住む者たちにとっては、領主は当然雲の上の存在だったと思われるが、史料は両者の意外な触れ合いについても語っている。対馬藩主宗義功《よしかつ》が、馬で遠乗りし、川原を通りかかると、川岸に女や子どもが大勢群れていた。供先の「下に居れ」の声に女たちは逃げ去り、子どもは川べりにうずくまった。義功自身しきりに「下に居れ」と声をかけると、水の浅いところにつかっていた子どもが義功の顔を見上げ、「バアイ、ぬしが殿様じゃったや」と言ったので、義功はじめ供の者も大笑いになった（中川延良『楽郊紀聞』）。

古川古松軒は天明八年、幕府巡見使に随行して東北地方を旅した。一行が秋田領能代より東へ入ったところで案内にまかり出た男は「見る所顔の形太郎冠者のごとく、短かき上下《かみしも》を着し、道の傍に莞爾《にこ》々々と笑いて居たりしが、御乗物の側に寄りては、御太義と云いて挨拶をして御乗物に付添い来る故に、殿（巡見使）にもおかしく思い給いて、案内の名は何というとお尋ねありしかば、介々と答う。それよりして家内の事、食事などの事を聞き給うに、答々に大笑いせざるはなし。汝が領主は何というと尋ねありしに、存ぜずという。地頭は何というと尋ね給えば、存ぜずと云う」。巡見使が何か問うたびに「それがそれが」とか「ひいい、ひいい」と言うので、お付きの役人が「ひいい、ひいい」と言うてもわからぬとからかったところ、「御身たちのわからぬはずよ、ウンドモにもわからぬ」と来た。一同大笑い。しかし、これは太郎冠者が一枚上手というべきだった。この介々という男は持高三石、四十五俵収穫して上納はわずかに七、八升ということだった（『東遊雑記』）。

紀州藩の隠居太真公は一代のうち手討ちにした家臣幾十人といわれる暴君であったが、吉野山巡りをした折、案内の猟師が言語作法の何たるかも知らぬ野人で、「貴様そりゃ危いぞ」とか、「貴様はなかなか気立てのよい男だ」などと公を貴様呼ばわりする。それ今にもお手討ちかと供の家臣ははらはらの仕通しだったが、何のお咎めもないばかりか、その場で男に七十人扶持を賜った（『想古録』）。暴君心理の意外な盲点というべきか。貴様と呼ばれて「暴隠居」は気分がよかったのである。

ちなみに太真は紀州藩の八代藩主重倫《しげのり》の隠居後の号である。性狂暴で、怒れば家臣や侍妾を手討ちにしたと伝えられる。隣家の高楼で婦人が夕涼みしているのを、われを見下すとは不届きとばかり鉄砲を放って打ち殺し、これが幕府の知るところとなって安永四年三十歳で隠居させられた。しかし母には孝順であり、政事上の識見も高かったといわれる。

野田泉光院は回国の途次、文政と年号が改まる直前紀州へ入ったとき、当時高名の念仏行者徳本《とくほん》の生地を訪れ、太真の噂話を聞いた。山中で修業中の徳本を太真が訪れ、「何のために山中に居るや」と問うたところ、徳本は「人間になるために」と答え、「今は人間ではないのか」と問われると、形は人間だが本《もと》の人間ではない、本の人間とは御前様《ごぜんさま》のような御歴々のことで、天爵人爵ともに備わり、大禄にして欲心なく、何事も思し召し通りであるから腹が立つこともない、さようなる心になりたくてかく修行し居ると述べた。「御隠居暫らく黙念として御座候いしが、何の御言葉もなく御出立ありたり」と泉光院は記す。思うに太真は、何の不自由もない身であれば欲も起らず腹も立たぬはずという徳本の言葉が諷諫であるのをすぐ悟ったであろう。しかし「何を、猪口才な」とは思わなかったのは、黙念として一語も発しなかったことから知られる。彼はたしかに心うたれたのである。だが同時に彼が、この男は何の不自由もなく意のままであるからこそ生れる狂情というものを知らぬと感じたのも、まず間違いのないところではあるまいか。

果して泉光院の言うように太真が徳本に会った後「御肝癪もあい納まり御仁心の御身となり給」うたかどうか、筆者は知らぬ。泉光院は続いて「当御隠居は気違いなり。御側近習の侍幾人となく御手打に遊ばせられたりと云う。その罪なき者を御殺しにあい成りたる怨念、夢の如くまた現《うつ》つの如くに折々出《い》ずる由、よって犬を飼い置かれ、犬が近習番を勤むると云う」と記している。太真は三十歳で藩主の座からおろされ、文政十二年八十四歳で没した。江戸深川の浄瑠璃語り繁太夫は、この年放浪二年目で仙台領鍬ヶ崎にあり、「紀州様御隠居御死去につき七日の間鳴物御停止」と日記に録した（『筆満可勢』）。

君臣の間というものも、ふつう思われているよりもうちとけて情の通うもので、家臣の方もそうそう殿様を奉ってばかりはいなかった。名君といわれた肥後八代藩主細川重賢には、いわゆる宝暦の治をもたらした賢臣たちがついていたが、重賢と彼らの日々のやりとりは丁々発止たること一種ゲームのごとき観があった。しかし、これは旧著『熊本県人』に書いたことだから繰り返さない。将軍と老中の間すらけっして隷従的なものではなく、老中松平乗邑《のりむら》は御用部屋で認《したた》め物をしている折、御取次衆から「御用である。参られよ」と呼ばれても、「われらも御用」と答えて座を立たなかったとのことだ（『甲子夜話』巻三）。

中川延良の『楽郊紀聞』には、対馬藩というやや特異な小藩における君臣の関係が活写されている。逸話は宗義功の代に多い。義功は夭逝した藩主の身代りとなった人で、これも対馬という離島ならではの話である。そもそも義功とは前藩主義暢の四男猪三郎で、安永六年に襲封したのだが、これが天明五年在国中に夭死、将軍拝謁以前のことだったから、上下心を合せて弟（義暢の六男）富寿を替え玉とし、これを義功として最後まで押し通した。富寿は死んだことにしたのである。替え玉義功の代は対馬の文運隆昌期と伝えられる。

義功は寝る前に牡丹餅《ぼたもち》をたべるのが楽しみだった。ある夜、牡丹餅が出来上ったとき、もう義功は眠っていていつめざめるともないので、五、六月のことで暖いし、このままでは餅もいたむとて侍臣たちがたべてしまった。すると女中が来て「牡丹餅差上げよ」と言う。仕方がなく正直に申し上げると、それを女中から聞いた義功、「もう喰ったか。早き者どもかな」と言って蒲団をひっかぶって寝てしまった。この人はなかなか癇性だったが、何事も隠さず正直に言うと機嫌はよろしかった。

義功は家臣から「御潔癖」と評されるように気性の激しい人で、我意を通さねばすまぬところがあったが、聡明で反省の能力にも富んでいたから、間違えば暴君になるところをそうならずにすんだ。若い頃、奥女中に廻り踊りをさせて楽しんだ末、今度は奥廻りの士たちにも踊れとの達しである。御小姓の上川彦六が『楽郊紀聞』の著者の父中川四郎治に「男子に踊れとは難義なことだ。このことが政庁に聞えては君徳にもかかわりかねぬ。お断り申上げるべきだと思うが、貴公の考えは」と問う。四郎治もすぐ同意し、同僚たちとも相談の結果、女中からお断りを言上してもらった。

義功は早速用人大浦左兵衛を呼び、「奥廻りがかよう願い出たぞ。これには最初に言い出したのと、一番に同意したのがいるに違いない。両人の名を早々申し出でよ」と申しつけた。左兵衛は「かしこまり候」と引き下ったが調べる気などなく、そのまま放っておいたところ「まだ知れぬか」と催促である。左兵衛が「相知れ申さず」と答える。するとしばらくしてまた催促、とうとう御台所《みだいどころ》より御用人詰所まで、「大勢の女中蟻の堂参りの如く往来」する騒ぎとなった。

上川と中川は御用人のところにまかり出、「この度侯がお尋ねなのは私ども両人なのです。上川が発語し中川が同意しました。他の者たちは何も知らぬことです。早々と両人の名を言上なさって下さい。このままでは奥が騒がしくて」と言うと、左兵衛は「いかにも左様であろう。しかし拙者に計らいもあれば、まず任せ給え」とて、殿がいかにせっついても自若として「いまだ分り申さず」とのみ答えた。夜になって左兵衛は君前に出て「これまで吟味しても、多人数のことゆえわかりませぬ。夜も更けましたのでお静まり願います。明朝になればまた調べますゆえ」と言上したところ、それで催促はやんだ。

さて翌日になると、とんと催促がない。ようやく夕方になって義功が左兵衛を呼んで言うには「奥廻りの者どもが踊りを断わるというのももっともである。みな武芸など心掛けるゆえ、踊りは難儀と申すのであろう。さらば今日は奥廻りの者ども、余が相手致すによって、太刀を遣《つか》ってみせよ」。そこで殿と立ち合いということになった。一番手白水万右衛門は散々に打たれ、這うぼうの態でしりぞく。二番手田中武左衛門またおなじ。そもそも殿相手に打ちこむ訳にはゆかず、打たれ放題なのは当然なのである。上川と中川は「われらが名はとっくにご承知のはずゆえ、どんな目に逢わんとも量りがたし」と覚悟して御相手仕ったところ、義功は「手数通り」の手合せをしただけで、一本も打ちこまなかった。「さては張本人は白水と田中とお聞きになったのかな。白水殿田中殿は迷惑されたことだ」と皆々思ったが、実は義功は張本人が上川、中川と最初から知っていたのである。

女中の話では、昨日奥廻りの願いを取り次いだ時、「誰々が申したか」とお尋ねであったので、正直に上川と中川の名を申し上げたところ、「万右衛門、武左衛門は居合せなかったか」と問われる。「相見え申さず」と答えたとたん、義功の機嫌が変った。「か様な事の時にこそ、年輩の者罷り出でて申すべきに、年若き者どもに申させしは、年輩を使いし（歳をとった）詮もなき事。不埒《ふらち》なる者ども」とて、それから名前のお尋ねが始まったのだという。義功は発起人探しの過程で、白水、田中が責任をかぶって名乗り出るのを期待していたのだ。あるいは白水、田中が責任をとろうとしないのを意地悪く確認していたのだ。そもそも踊れというのに踊らぬというのが気に入らぬので始まったことに違いないが、それにこれだけの理屈のつくところが油断のならぬ殿様だった。

義功は我意が強かったが、家老の多田左膳は負けてはいなかった。ある日義功と言い争った末、「私はあなた様の何にてござ候うや。何と思し召し候や」と問う。義功無言。続けて左膳の言うよう、「私はあなた様の御家老にてござ候。御家老たらん者が、あなた様の御為によろしからざる様に仕り申すべきや」。義功はかつて讒言《ざんげん》を信じて左膳の家老職を解いたが、その後自分の非を悟って再任し、厚く信頼したという。これは再任後の話であろう。

この殿様には、いろいろと得体の知れぬ話が多い。山田整庵という者に小判百両包んだものを与えて、「精一杯祝え」と言ったという話もそうだ。整庵その夜人々を招いて盛大な祝宴を張ったのち、包を開いてみると入っているのは鉛だった。整庵は大変不快に思ったが、その年の節季になって義功から、祝いの物入りとて三両が届いた。何か考えがあってこんなことをするのか、それとも単なるいたずらなのか誰にもわからなかった。義功自身にもわからなかったのではないか。

また、御伽の衆に加えられて日々罷り出る医者がいたが、義功がある日側近の岡道喜と側廻りの人物評をしているとき、道喜はこの医師を「正道の人」の内に数えた。すると義功は「あれはその内には入れがたし。おしはいまだ知らぬか」と言う。道喜が「いや、これは別条なき人と存じ奉り候」と抗うと、「さらば見せようあり」とて、小蓋にいろいろな下賜用の小間物を入れさせておいた。お伽衆が集まり昼食時になると、義功は道喜を呼んで障子の隙間からのぞいていろと言う。昼食が終り、みんな退いたあと、医師が人目を見計らって小蓋に近寄り、その中のものを懐に入れてそ知らぬ顔で立ち去るのを確かに道喜は見た。「さても恐ろしいことだ。殿はいかなる時いかにして気づかれたのだろう」と道喜は冷汗の出る思いだった。義功はその人物を知りながら、あえてお伽衆に加えておいたのである。

岡道喜は少年の頃からまだ若年の義功に仕えて、叩かれてばかりいた。義功はほかには人を叩くような振舞いはなかったから、これは不思議なことであった。ある日ひどく叩かれて、道喜はついに家へ逃げ帰った。謹慎を申しつけられてのち、また出仕することになると、義功は「道喜という奴は叩けば逃げる、田舎へ遣《つか》わすべし（城下を追放する）といえば、楽にしてありがたしという。どうにもならぬ奴だ。道喜叩きの道具を作っておけ」という。その後また道喜に不調法があったとて「道喜叩きを出せ」との仰せ。小姓が樫の大きな棒を差し出すと、片手で持ち上げることも出来ぬようなしろものだったので、「これが道喜叩きか」と放り捨て、それからは一度も道喜を打たなかった。これは周りの者が使えぬような大きなものをわざと作っておいたのだという。中川延良は義功のこの行いを、道喜の大成を期待して故意に辛く当ったものと解するが、さてどうだろうか。道喜がのちになくてはならぬ側近の臣となったのは事実ではあるが。

義功は若年のころ、家来の両手をくくり、その間に両膝を入れてすわらせ、引き倒しておいて、ひとりで起き上れぬのを楽しんだというから、暴君の素質はあった人だ。子どもの頃は、夜勤が明けて熟睡している侍の夜着の裾から、しゅろ箒の先を入れてつつくようないたずらっ子であった。だが、家臣の誰よりもよくものが見え、必要とあれば寛濶になることも出来、書を乞われても、こんな拙い字をどうするのだと、一切書き与えなかったというのでわかるように、何よりも自分自身をしっかりとつかんでいる人だった。それでいて、心のうちというか体のうちというか、自分でもどうにもならぬ不条理な衝動がこみあげてくるのに手古摺った形跡がある。名君の俤がありながら、暴君の気配もするといった不思議な殿様であった。

『楽郊紀聞』にはまだ録すべき話がある。義功より二代前の宗義蕃《よしあり》は、いったん別家を立てて氏江主水と名のり、兄義如《よしゆき》が死んだあと、その養子として藩主の座についた人である。義如存命中も御連枝とて家老三家（杉村・古川・平田）の上席にすえられたが、家老たちは主水に抵抗を示し、「御政事の事は、我々に代々御任せある事故、あなたの注文通りには成らぬ事」と、つねづね釘を差していたということだ。主水が襲封して義蕃となりたての頃、古川大炊《おおい》に向って「大炊」と呼んだところ、古川は「大炊はまだ早くござろう」と答えた。このように家老衆から反感を示されたのも、かねて義蕃の野心があまりにも見え見えだったからかも知れない。義蕃が兄のあとを継いだのは、兄の嗣子がまだ十二歳と幼かったからだが、義蕃にはわが子に藩主の地位を継がせたい野心があった。そのため家老平田将監をとりこもうとしたが、将監はその度に言い紛らわして義蕃の意を受けなかった。義蕃の策謀を身を挺してふせいだのは松浦桂川である。対馬史上の義士とされるが、ために幽閉されて死んだ。

江戸時代、藩主は家臣団の意向に制約されていて、それと対立すれば幽閉されることがあったのは、笠谷和比古の『主君「押込」の構造』が明らかにした通りだ。対馬藩の場合も家老を初め家臣どもは、そうそう殿を奉ってはいない。たとえば義蕃の侍講朝岡一学は、義蕃が孔子の言に異を唱えるのに、「またあなたが左様におっしゃる」と笑ってやりすごしたというが、この口調は今日われわれが想像する殿様に対する物言いといかにかけ隔っていることか。彼らは殿様への敬愛においても、半ば友達扱いするところがあった。瀬村（現厳原町のうち）の給人（郷士）高松織部はあるとき黒魚の汁を喰ったところ、あまりにうまかったので思わず洩らした。「ああ、これを殿様に喰わせ進ぜたらば、泣くやろう」。

同書はまた、義功の代に阿連村の盆狂言が御書院御庭で行われたことを記す。狂言は阿連村で演じられたのがそのまま再演されたもので、始めに肝煎役が出て火の番を高声で呼び、「御郡奉行下らるるぞ。おとこおんな呼び集めよ」という。「また御郡奉行の下らるるか。この節は誰ぞ」と火の番。「佐治勝左衛門殿なり」と肝煎がおらぶと、火の番言う。「また勝左衛門殿か。あの人は近頃も下られしに」。それより村中の男女が騒ぎ立て、かれこれ接待の用意に大童わになるなど、全く実際の出来ごとそのままであった。佐治勝左衛門本人も観客の一人で、青くなったり赤くなったりしていた。義功はにこにこ顔で見終って「勝左衛門はさぞ迷惑したろうな」と笑ったとある。江戸時代とは藩主の前で、村人がこういう芝居ができる時代だったのである。当時対馬の村々での盆狂言といえば、このように実際あったことを面白く仕組んだものが多かったという。

11 法と裁判

文政年間にオランダ長崎商館にいたフィッセルは、日本の裁判の厳しさについて述べ、続いてこう書いている。「しかしその厳しさは社会のあらゆる階級に対して平等である。そして裁判は最も厳格なる清潔さと公平さをもって行なわれていると推量されるだけの理由はあると言えるであろう」（『日本風俗備考』）。このような言述は今日の私たちの「常識」をとまどわせるかもしれない。しかし、安永年間におなじく出島に在ったツュンベリも、日本のように「法が身分によって左右されず、一方的な意図や権力によることなく、確実に遂行されている国は他にない」（『江戸参府随行記』）と断言しているのだ。

むろん江戸時代、法の適用や量刑が身分を問わず同一だったなどということはない。大名身分ひとつとっても、彼らは殺人などの非行を重ねても、武士のように切腹させられたり、庶人のように斬首に処せられたりすることはなく、領地を没収されてお預けの身になるか、場合によっては隠居ですむこともあった。ではフィッセルやツュンベリは何を言いたいのだろうか。おそらく彼らは法を犯した大名や役人が確実に処罰される点を、平等とか、身分に左右されないと表現したのであって、そのことならば、彼らは決して観察を誤ってはいなかったのである。

それは例えば、宝暦年間の美濃国群上《ぐじょう》一揆の顚末を見てもわかる。一件を神沢杜口の『翁草』によって略述しよう。

群上藩主の金森頼錦《よりかね》はおのれが奏者番という金のいる地位についたためもあって、家老粥川仁兵衛を重用して領内の収奪を強化しようとした。一門の家老金森左近は諫言の結果蟄居、もうひとりの家老渡辺外記は老衰で粥川に従うのみ。宝暦四年には黒崎左一右衛門なる「地方《じかた》功者」を傭い入れ、これまでの定免制を検見制に切りかえようとして、これが騒動になった。同年八月「百姓千人ばかり、八幡《はちまん》の城下へ群り来て、三十余箇条の訴状を捧ぐ。各蓑笠を着て、城下を横行し、叫び罵ること夥《おびただ》し」。そのうち人数は数千人にふくれ上ったので、粥川と渡辺が十六ヵ条は認めるので引き取れと説諭し、両家老の印を捺した証文を与えたが、百姓どもは金森左近の印がなければ、「各方の如き讒佞邪曲の面々の印形」ばかりでは証文にならぬと一斉にわめき立てる。左近の印も得てようやく退散はしたものの、一揆衆は日頃怨んでいた城下の豪商の家に押しこみ、乱暴を働いた上思う存分飲み喰いした。以上が発端である。

しかし藩側は検見制への切り替えを放棄する気はない。これしか財政立て直しの策はないのである。宝暦五年二月、八幡の役所に百姓代表を呼び出し、足軽たちに厳しく周りを固めさせた上で、前年の「強訴狼藉」の罪を咎め、それは許すが、十六ヵ条など以ての外と、先に渡した証文を否認した。しかし百姓は騒ぎ立って承服しない。黒崎はこの騒ぎを知ってその夜遂電した。『翁草』はこの日の藩庁の出かたを「ひとえに金森喪家の兆《きざし》とぞ聞えし」と述べる。

金森頼錦は老中本多正珍《まさよし》と縁があり、それを頼って本多に依頼するところがあった。本多は勘定奉行大橋親義に下命し、美濃国笠松（幕領）の代官青木次郎九郎を解決の任にあたらせた。検見制への変更は幕府の意向であるとして、百姓をおそれいらせようというのである。青木は同年七月、笠松の陣屋に村々の名主を呼び集め、強迫して彼らから請書《うけしょ》をとるのに成功した。もちろん、幕府代官が大名領の百姓に手を出すなど異例のことである。

これを知った村々は名主の行為を裏切りとみなし、各所に見張りを立てて名主の帰村を拒む一方、江戸藩邸に四十名を送って門訴を企てた。藩庁は検見を承知するなら二分五厘を減免するという宥和策を提示し、これによって百姓はそれを受け容れる寝物方と、あくまで拒否する立者《たち》方に分れ、郷中二分されて互いに口も利かぬ状況となった。立物方は同年十一月、老中酒井忠寄に駕訴を決行、ついに事件は評定所の審理にゆだねられた。いうまでもなく評定所とは、公事方勘定奉行・寺社奉行・江戸町奉行三者合議の幕府最高法廷である。宝暦六年、審理は笠松で請書を出した名主たちと駕訴した五人の対決の形をとり、名主方の請書の事実を認めて関係者たちを村へ帰した。評定所はこれで一件落着と考えたらしい。

しかし立者方は納得したわけではない。村内の寝物方の家々に様々な圧迫を加えるとともに、田畑多数を所持する城下町の三人の町年寄宅にも乱入し、出銭を催促して悪口狼藉に及ぶ。役人が制止しても及ばぬ勢いであった。三人の町年寄が小作に出している田畑は勝手に作物を刈取られ、町年寄は隠忍するしかない。宝暦七年十月、立者方の太平治という者が入牢すると、二百人が町年寄原茂十郎宅に乱入し、汝の告げ口のせいだと茂十郎を吊るし上げる。これまた役人は制止することができなかった。さすがに甚助という指導者の一人を捕え、同年十二月裁きもなく打首に処したが、この件も後日金森藩の落度のひとつとされるのである。

宝暦八年二月、藩は立者方の指導者四郎左衛門を捕えようとしたが、同人は逃亡。残された帳面を取りあげ、家の番を寝物方の者にさせておいたところ、立物方は番の者をとらえ、三千人が集まる騒ぎとなった。藩庁は足軽五十人を派遣したものの、「四方八方より百姓共群がり出て、礫《つぶて》を打つ事雨の如く」、足軽どもは刀で切り払いながら城下へ逃げ戻る始末だった。

宝暦八年三月、立者方は江戸へ上って箱訴に及ぶ。箱訴とは評定所の目安箱に訴状を入れることをいう。これによって評定所は再審に動き同年中に判決が下った。藩主金森頼錦は領地没収の上お預け、家老の粥川と渡辺は遠島、家臣何人かも死罪を含む判決を受けた。しかし注目すべきなのは金森家の依頼によって私曲の行為あった幕閣要人に対する処罰である。老中本多正珍はお役御免にて逼塞、寺社奉行本多忠央《ただなか》、勘定奉行大橋親義は知行召上の上お預け、青木次郎九郎はお役御免の上逼塞、ほかにも関連して何人か処罰された。なおこの判決には同時に起った石徹白《いとしろ》の社人騒動も関わっているが、その件については述べない。

百姓側もむろん処罰された。獄門三名、死罪十一名である。幕府側、郡上藩側に比して重刑と評し、弾圧と憤慨するのは自由だが、当時にあっては、百姓が徒党・強訴・逃散に及ぶことは、しばしば死罪に該当する違法行為であった。彼らは強訴の行為によって訴追されたので、越訴を咎められたのではない。この点はあとで再説することにして、この一件について注目すべきなのはやはり幕閣要人の処罰なのである。このことに関する限り、徳川期の法は公正であった。フィッセルやツュンベリはそのような法のありかたに深い印象を得たものと解すべきである。

元久五年の大坂辰巳屋一件においても、私曲を働いた幕府役人は厳しく処罰されている。辰巳屋久左衛門は富豪として聞こえた炭問屋であるが、久左衛門の死後、養子はまだ若年であったので、久左衛門の弟で木津屋を継いでいた吉兵衛が後見をすべき成り行きとなった。ところが吉兵衛は多少文才があり、学校を建てて書生を扶助したりして、木津屋の産を傾けるに至っていたので、辰巳屋の手代たちはこんな者にはいりこまれたら亡家の基と案じて、吉兵衛に後見させてはならぬという久左衛門の遺書を偽造し、吉兵衛の介入を拒もうとした。それを手代の一人の内報によって知った吉兵衛は重立った手代を追放し、自ら後見として辰巳屋へ乗りこんだのである。

辰巳屋吉兵衛と名乗って実権を握ったあと、果して彼は遊興を始め、京都へ上って堂上家の家人となって、帯刀して横行する有様。屋敷を買いこんで堂上方を招待するやら、取り巻きのおだてるままに湯水のように金を遣う。しかも故久左衛門の妾腹の女と自分の息子を結婚させて、乗っ取りを仕上げる腹で、一方これまでの貸付証文をどんどん自分と息子の名義に書き替えさせ始めた。この成り行きを見て、先に暇《いとま》を出された手代たちが江戸へ下って評定所に箱訴するに至り、元文五年に判決が下った。

吉兵衛への処分は遠島。その罪状には、養子の当主を座敷牢に入れたとか、久左衛門の娘つまり自分の姪が重病なのを見捨てて死に至らしめたとか、いろいろ列挙してある中で、後見を届け出た際「稲垣淡路守ならびに家来共へ過分の音物《いんもつ》（贈物）致し候。その上淡路守家来馬場源四郎にたよりて、公辺の事承け合うべきために、まいない品々贈物いたし」とあるのが、まさにこの一件の焦点であった。

稲垣淡路守は大坂町奉行。御役御免、知行半知召上、閉門という判決を受けた。判決文は吉兵衛の後見届出を十分吟味せず、馬場源四郎の言を用いて、訴え出た手代新六を投獄し、吉兵衛から贈物を受納したのが「重々不届き」と言う。おなじく町奉行の佐々美濃守も逼塞を命ぜられた。これは辰巳屋手代どもが訴え出たときに「篤と穿議《せんぎ》遂ぐべきのところ」、同業の大和屋が仲裁を申し出たのに任せて訴状を却下したのが「等閑《なおざり》」というのである。ただし佐々はその後許されて役に復帰した。

淡路守用人馬場源四郎は死罪を申しつけられた。これはもともと吉兵衛と懇意でしばしば一緒に遊興する仲だったが、吉兵衛後見のことを淡路守にとりなし、吉兵衛が淡路守及び家来どもに贈物した際、淡路守があまりに過分だとして樽一品を受納しあとは返すように命じ、みな肴代等を返したのに、源四郎だけが返さず、その後吉兵衛に淡路守へ度々贈物をさせ、倅への贈物として金拵《ごしら》えの脇差を受領したのみか、湯治の旅費五十両を吉兵衛に無心したのが「重々不届至極」というのである。

この件に関して水野備前守勝彦組与力福島佐太夫も死罪に問われた。これは評定所の吟味が始まったのち、吉兵衛の手代たちが主人の罪が軽くなるよう江戸で運動した際に、新吉原での遊興代金一両一歩を受け取ったものである。水野は南町奉行であって、その部下として当然穿議に関与する身であるのに怪しからぬ所業だというのはもっともだが、一両一分で首がとんではニ十七歳の佐太夫は泣くに泣けなかったろう。佐太夫一件では石河土佐守政朝組与力の藤田、平塚両名も「永御暇《ながのおいとま》」を蒙っている。石河は北町奉行である。騒ぎの張本人は遠島だというのに、関連して職を汚した二人の役人は首がとんだ。割が合わぬと二人は思ったかどうか。しかしこれが当代の司直の正義であった（この一件『翁草』による）。

実態はどうであれ、幕府は役人たる者、天下を預かる重責を自覚して身をただし、庶人の師表でなければならぬという建て前であったから、役人の庶人に対する乱暴にはぬかりなく制裁が科された。

寛政元年の夏、京都所司代組与力四、五人が同心二人その他中間など連れて桂川へ遊びに出た。酒興のあまり在所の者に舟を出せと命じたが、聞かぬふりである。御用の筋だと重ねて命じてもさらにその甲斐なし。酔っていて御用もないものだ。腹立ちまぎれに舟小屋の男を打擲したところ、下桂村の百姓たちが集まって、狼藉者とばかり与力たちを手籠《ご》めにしようとする。

刀を振って追い払ったが、相手には手負いも出た様子。与力たちは百日から五十日の押込、同心は五十日押込の処分を受けた。与力たる者が百姓から縛られるわけにはゆかぬから、刀を抜いて防戦したのは仕方がないとしても、御用といつわったのが怪しからぬというのだ。百姓側も所払い一人、手鎖二人、庄屋・年寄は過料を課された。この件を『翁草』に録した神沢貞幹（杜口）は京都町奉行の与力であるから、これは彼が確かに聞いたことであろう。

江戸時代の裁きはその時代の正義観念と人情とのかね合いを計って、すこぶる自由裁量の余地があったようだ。寛政の頃、江戸近在で子どもが正月のドンドの真似をして誤って家を焼くということがあり、町奉行石河土佐守の裁きにかかった。奉行所より呼び出しがあって両親出頭したところ、たとえ小児のあやまちにせよ家を焼いた以上火刑に処すと申し渡され、泣く泣く門前で死骸を引きとろうと待っていたら、子どもは元気で出て来て、見ると頸筋に大きな灸のあとがあった（山田三川『想古録』）。

山田三川は録した話のあとに語り手を明記するのがつねで、これは羽倉外記の語ったことなのである。外記すなわち羽倉簡堂は寛政といえば生れたばかりであるから、彼もこの件を自分で見聞したわけではない。しかも石河土佐守が石河正民のことだとしても、彼が北町奉行の職にあったのは天明年間である。さらには、火刑になった者に死骸が残るものだろうか。どこから見ても作り話くさいけれども、こういう裁きがあっても不思議ではないというのがこの時代の雰囲気だった。

三川はまた次のような話も書き留めている。天保七年十一月十二日の夜、昌平橋内の鍋町に火事があって、縦三間横二町の町並が焼けた。火元は酒屋で失火の届を出したのに、三十三、四の女が町奉行所へかけこみ、自分が放火したと申し出た。数十人の死者が出たゆえ、その罪のがれがたいと覚悟したというのだ。奉行が事情を訊くと、酒屋は自分の叔父で、物価騰貴のこの節母を養いかねるので三両の借金を申しこんだのに、貸してくれぬばかりか他人の前でさんざん悪口されたので、くやしさのあまり付け火したのだという。調べてみると女の言う通りだった。奉行は女の孝心を哀れんで、親を養う金三両を貸し遣わすから、毎年一朱ずつ返納せよ、返納し終ったときに火刑に処すと言い渡した。三両の金を毎年一朱返金して皆済するには四十八年かかる。そのとき女は八十を越しているのである。実質的な免訴であった。

年時といい場所といい、やけにくわしいけれど、これも実際あったことだろうか。話が出来すぎている以上、おそらくこれも作り話なのだろう。しかし当時の人びとはこういう裁きがありうるとは思っていたのだ。つまり、刑典は曲げられぬものの、運用によって情状酌量を行なうのは、この時代の法執行の習いだったのである。それは粋なはからいとされた。周知のように十両以上の盗みは死刑と規定されていた。しかし十両の金で相手の首をとばすのは被害者とて寝覚めが悪い。そこで盗難にあった者は被害額を九両三分二朱と書き出すのが慣例となり、役人は「虚偽と知りつつ平然と口書《くちがき》に録取し、判決にもその額を書くのであった」。また闕所（財産没収）処分を行うにも、所定の時刻にわざと遅れて、その間家財を取りかくすいとまを与えたり、家財を「かくの如き品けがらわし」とて垣根から隣りの庭に放り出したりして手心を加えた（平松義郎『江戸の罪と罰』）。むろんそれは同情に値する場合であったろう。役人は同情すべき場合とそうでない場合とを、自分の裁量で区別したのである。

しかし、静山侯が『甲子夜話三篇』に録している次の話は、おそらく半分ぐらいは実話なのではないか。伝通院前の陋巷に母と娘が貧しく暮していた。娘は母に孝順で、毎日樒《しきみ》枝を売り歩いた。しかるにこの娘は知恵おくれで、ある屋敷で中間どもに乱暴されても、帰って母に「さきに邸中に入りて快事に遭う。こいねがわくば他日誘い申さん」と告げるほどで、母も何事かさとらずに喜んだという。やがて母が死にひとり身になってから、火事を出して捕えられた。事情を訊問されると女は「かねて大家様から火を猥《みだ》りにしてはならぬと言われていますので、外出するときは火種を箱に納め、蒲団に包んで戸棚に入れて出ます。火を猥《みだ》りにしたことはございません」と答えた。その言まことに平静であったので、訊問に当った役人がその通り伝えると、奉行は笑いかつ嘆息したという。至愚、至誠に通じるのを奉行は感じたのであろう。女はむろん火刑にはならなかった。

浅草通で、番所交替の鉄砲足軽行列の中を、町人が押し割って通ったので、足軽たちが鉄砲で打ち叩き死に至らしめた。奉行所は「総じて供を割りたる者、切り捨てたらんには子細なし。ことさら町人の事なれば論に及ばず。然るに鉄砲はその主人の預る大切の番所警衛の道具なり。それを以って人を敲《たた》き殺す条法外なり。右の罪遁れ難し」とて、足軽二人を牢舎に入れ相当の罰を加えたという（『翁草』）。これもまさにこの時代特有の衡平の感覚である。行列をみだす者は切り捨ててよろしいというのは建て前であって、建て前は破るわけにはゆかぬ。しかしこの大典を文字通り行なっては、いかにも殺された方に不公平の感がまぬかれない。従って法執行者は鉄砲に因縁をつけて足軽を罰し、衡平がそこなわれるのを防いだのである。まさに江戸時代ならではの判決であろう。

また江戸時代には、子どもの嘆願によって刑が軽減されるということもあったようである。馬琴が『兎園小説』に録しているのでは、寛政文化の間に軍書を講談した瑞竜軒にこのことがあった。当時『中山物語』という俗書が行われ禁忌に触れることが多いとて禁書になっていたが、瑞竜軒がこれを手に入れて講じたので連夜の人だかり。遂に捕えられて、遠島になろうとの評判である。ところが彼に十二、三の娘がいて、奉行所にゆく度に親の罪にかわろうとねがい、「哀傷悲泣人の視聴を驚かし、追い立てらるれども得退《えひ》かず。死をだにも辞せぬ有さま」であった。判決は江戸払い。娘はある豪家に乞われて嫁となり、瑞竜軒はその家から扶助されて近郷で余生を送るを得たという。果して判決が娘の孝心のせいだったかどうか、これはわからない。もともと江戸払いぐらいが相当の事件だったのかも知れない。しかし世人は全くもって娘の孝心のせいと信じたし、司直の方にも孝心を嘉《よみ》して、判決に手心を加えるぐらいの用意はいつでもあったのではあるまいか。

巷間の噂話ではなく、江戸時代の裁判の実態を示してくれる記録がある。法制史の大家中田薫が『徳川時代の民事裁判実録』『同続篇』で紹介した当時の出訴人の手控えである。上総国夷隅郡部原村の百姓縫殿助は、自分が出訴した事件の評定所における審理を、日記にくわしく記録した。訴訟は四件あって、まずは文化五年「対談違変出入」。出入というのは、評定所扱いの訴訟には吟味物と出入物の区別があって、前者は刑事訴訟、後者は民事訴訟が主で、ある種の刑事も含む。出入物はまた金公事《くじ》と本公事に分れ、前者は「各種の利子附金銭債権の訴、及びこれに準ずる訴」で、後者は其の他の出入りである。金公事に関しては評定所はなるだけ受けつけず、受けつけても和談をすすめる方針だった。本件はもちろん金公事に属する。

縫殿助の訴えは江戸の堺町忠兵衛所有の芝居茶屋の株と建物とを五十両で買い受け、しばらく当人に預けていたが、このほど引き渡しを求めたのに応じないというのである。忠兵衛方はその五十両は娘を縫殿助にやったときの支度金として借りたのだという。お調べの初日は奉行たちが列席するが、月番の水野若狭守は縫殿助に対して「何しろその方も色情に迷うたものだ」と戯れ、一方忠兵衛に対しては、証文もあること故、借りたものは返さねばならぬ、「左様心得ろ」と言い渡す。忠兵衛が株と家屋敷をとられては暮しが成り立ちませぬ、借金も一度には返せぬが、追い追い返しますので、どうか縫殿助がそれで得心するよう奉行様の御慈悲を願いますと言うと、奉行以下役人たちは大笑いした。中田は言う。「右筆記に拠て見ると、徳川時代に於ける幕府奉行の裁判は、吾人が想像した如く厳格にして尊大振ったものではなく、談笑の間に進行したものの如く感じられる」。

奉行が顔を出すのは第一日だけで、あとの実質的な取り調べは評定所留役が行う。留役は和談に持って行きたいのである。縫殿助に向って「株を渡して難儀の旨申す。然れば金を残らず受けとればよい。そうしてやれ」とすすめ、更には、強いて株を取るというのなら、忠兵衛の首は取ってやるが、その替り金は一文もはいらぬぞと脅す。縫殿助が金が返ればそれでよいと答えると「成程わかった。忠兵衛、残らず済ませ。いつ済ます。言わぬ内は立たせぬ」と来る。緩急の呼吸鮮やかであった。

しかし解決は難航した。忠兵衛側が出す支払いの条件に縫殿助がなかなか納得せず、しかも内金を支払う期日が来ても、忠兵衛は金が出来ぬというのである。取調べ日の日延べ願いを七回も繰返し、四回目の取調べになっても妥結しない。留役も「こまったものだ。この上日延を願うともお聞済しあるまい。きびしき吟味でも受けろ」と言い捨てて、引きこんでしまった。第五回の取調べでも双方は合意しない。留役は忠兵衛に対しては「牢にたたっこむ。これ牢にたたっこんで一度責めると我死ぬわ。何と心得える」と威嚇し、一方縫殿助には「なぜ承知せぬ。それならわが勝手にしろ。逗留したい程逗留していろ。奉行所ではもうかまわぬ」と叱る。「奉行所においては内済を好むというものではない」、きびしく吟味も出来るのだぞと言いつつ、彼はあくまで和談に誘引したいのである。この留役は「やい、親父どうだ」などと口調は伝法で、しばしば威嚇的言辞を吐きつつも、その実たいへんに辛抱強い。双方が些細な点で合意をしぶり、日延べにつぐ日延べを願っても、結局それを認めてやっている。結局本件は「三月六日差日《さしび》（開廷日）対決以来、月を閲すること四ヵ月、その間日延願十二回、破談届五回、奉行吟味一回、留役吟味六回という手数を重ね」た上、「遂に此日六月廿二日主任奉行水野若狭守より『済口聞届』の言渡を受けて、目出度落着したのである」。

この件では原告・被告とも表は恐れ入った風を見せながら、取調官からどんなに脅かされすかされても、また露骨にいやな顔をされても、めげずに我意を主張し続けている。つまり彼らは、評定所が彼ら双方が何とか合意できる妥協点がみつかるまで、結局は辛抱してつき合ってくれるのを熟知していたのである。中田薫は「訴訟公事繁忙の状は、全く吾人の予想外に出ていい居る」と言い、大人数が朝早くから評定所に詰めかけて居る場所もない様子を紹介して、次のように締めくくっている。「此事は徳川時代の民衆が、奉行の『御慈悲』に依頼して、相互の争を解決することが、最良の方法であることを、充分に知覚して居たことを意味すると同時に、幕府の裁判が民衆の間に、如何に多くの信頼と『御威光』とを、有して居たかを物語るものである」。

評定所に願い出ても、それからの手続きが大変だった。例えば訴状を評定所に受けつけてもらうには主任奉行の裏書がいるが、そのほか七人の奉行の加判が必要で、それぞれの屋敷をまわっていちいち判をもらわねばならぬ。また裏書を与えられた訴状は原告が被告に届けねばならぬのである。これは鎌倉時代がそうであって、自力救済の遺風として興味深いが、それはさておき、様々な手続きの煩瑣さといったら、今日面倒だといわれる官庁での手続きの比ではない。しかしそれでも人々は陸続として出訴した。公事のため滞留する者たちのための「公事宿」はすでに安永年間に一九八軒を数えたという。つまり公事はやり甲斐があったのである。縫殿助は続いて文政元年に二件、文政九年に一件出訴している。いずれも貸金に関する出入りだった。縫殿助は文化五年に二十八歳、石高二十五石、「農業に間漁業等仕《つかまつ》る」というが、ただの百姓ではなくむしろ金融資本家だった。

ちなみに大木雅夫の『日本人の法観念』は、江戸時代とくに元禄以降訴訟が激増し、幕府が「健訟の弊」に苦慮した様をつぶさに述べ、「江戸京大坂その外繁華の地の町人遊人等は居ながら公事出入をいたし、いささかの事をも奉行所へ持ち出して埒を明くるなり」という『世事見聞録』の一節を引いている。大木が引いていないところを参考までに引くと、著者武陽隠士は「また関東の国々別して江戸近辺の百姓、公事に出る事を心安く覚え、また常に江戸に馴れ居て奉行所をも恐れず、役人をも見透し、殊に何角《なんのかんの》の序《ついで》にとかく江戸へ出た（が）る曲《くせ》有りて、ややともすれば出入を拵《こしら》え即時に江戸へ持出し、また道理の前後もよくよく弁《わきま》えて心強く構えたるもの」云々と言っているのである。

このように庶人が訴訟に親しむ風潮は『大岡政談』の世界にも反映していて、「村井長庵」に登場する長助という家主は「この広き大江戸にても三人と言わるる指折りの公事好き」で、「御番所の腰掛けにて喰う弁当は、何がなくても別段うまし」というぐらい。朝起きて神棚に向かってわが身安泰家内安全の次には、町内大変と祈るとの評判である。なぜ町内大変と祈るかといえば、わが支配内に事件が起らねば家主は何もおもしろいことがないというのだから、大変な家主だ。しかし村井長庵の悪事があばかれる発端を作ったのは、この公事好き家主の活躍だった。むろん『大岡政談』は幕末に成立したフィクションである。長助というのは実在の人物ではないが、だからこそいっそう当時の世相を表わしていよう。

大木によれば、「享保三年の訴訟件数は四万七七三一件、公事件数は三万五七五〇件、そのうち金公事は三万三〇三七件」であった。そのように訴訟の花盛りとなったのは、再々言うようにその仕甲斐があったからであるが、それは当時の民事訴訟の審理が、双方が何とか満足できるような妥協点を、辛抱強くさぐる態のものであったからにほかならない。平松義郎は「私的な争が出入筋の裁判になると、理非互格とみなす方向が支配的であり、『喧嘩は互に五歩の持ち』『云い分は大てい五分五分に理分あるものなり』というのが社会通念であった」という。従って原告・被告ともに法廷において、一方的な処断を下されることはなく、何らかの得心のゆく裁きがえられるものと期待できたのである。前記の文化五年の一件でも、留役は「われはこの方を扱い人と心得るか」と一応怒ってみせてはいるが、実祭原告・被告にとっては、彼は双方の対立を上手に扱って解決に導いてくれる調停役以外の何者でもなかった。

中田の紹介するほかの例を見よう。元文四年の芝如来寺と当寺門前地借町人との出入りで、如来寺の勝訴に終ったものであるが、寺社奉行大岡越前守も判事のひとりであった。中田が注目するのは各奉行揃っての言い渡しの席の雰囲気である。南町奉行松波筑後守が今後如来寺の下知に従うかと問うたのに、町人たちが「毛頭自今以後違背仕るまじく候」と言上すると、北町奉行石河土佐守が「これ町人ばら、早く心を変《あらた》め仕合せなことよ。大きな目に出あわないで」と声をかける。一方大岡越前は「おのれら悪い奴等な、地主が坊主じゃと安房《あほう》にしおって、色々の我儘さっぽう、人の地面を借りて居ながら、如来寺の地ではこれなしなどとは、さてさて言語道断な奴ばら、今日急度《きっと》申付ようこれあれども、地主如来寺、私を蔑《ないがし》ろに致す所は少しもあい構わず、不便《ふびん》に存ずる間、裁断くれよとたって願い候につき、地主の願いに任すべきなり。これ筑後殿、左様がよろしくござ候わん」と松波を誘う。松波いわく「されば拙者ども支配の町人ばら故、今日拙者が存分の通り急度申し付け、憂《う》い目に出合わす合点にてござ候ところ、如来寺出家の程これあり、たって貰ひおろし候故、その通りに仕りましょう」。「貰いおろす」とは赦免をねがうことを言う。そこで越前「これ町人ばら、殿下《てんが》（天下）の評定だぞ。違わないか」と念を押すと、町人たちは「おそれいり奉り候」と口々に言う。

　これで申渡しはすんだが、越前は「如来寺は貰いおろしたな。さすがは坊主だぞ」と感想を一言。そして退座するのを「如来寺、如来寺」と呼びとめ、「さてさて大騒動もなしにあいすみ、仕合わせなことよ」と声をかける。筑後守土佐守も「さればされば如来寺が大仕合せ、祝いせよ」とて、奉行衆そろって大笑いになった。中田は言う。「評定所一座奉行が、被告町民の不心得を戒飭《かいちょく》する言葉は厳格であるが、最後に訴訟人を呼び止めての、大岡越前守其外奉行の諧謔の如きは『殿下ノ御評定』とも思われぬ程、和気に満ちて居る」。

さて中田の紹介する事例には、もうひとつ「元文四年寺法出入」がある。これにも大岡越前守が陪席奉行として関わっている。これは当事者一峰院の住持が記した日記で、中田の言う通り「法廷に於ける奉行その他役人等の態度言語、訊問方法、並びに訴答人の応対振りを詳知する」ことのできる貴重な史料で、詳しく述べるほど面白いのだが、なるべく簡略にまとめておきたい。

多摩郡羽村の阿蘇明神の神主宮川齋宮が元文四年に死ぬと、嗣子求馬は分家の御上水鎮守社神主の宮川宮内とともに、この地方の社家の支配頭を勤める粟原主殿に願い出て、神式で葬儀を行った。しかし彼らは人別帳には同村一峰院（禅宗）の檀家と登録されているので、一峰院住持鉄燈は宮川求馬を詰問したところ、求馬は改めて焼香を依頼して来た。これに対して鉄燈は詫状を提出した上、葬儀を仏式でやり直すことを要求したが、社家側から拒否され、しかば社家の行為は離檀の申し出にほかならぬから、一峰院の請印をもって代官所へ差出した人別帳を当方へ返納すべしと厳談しても承諾なく、一峰院は寺社奉行所に宮川求馬の宗門請印を除くべく訴えを起こそうとした。その間社家側より詫ごとですませたいと申し出があり、仲人が入って調停が試みられたものの、一峰院の示す詫証文の文案を社家側が納得せず、遂に双方とも奉行所へ提訴するに至ったのである。

九月二十七日の開廷日には社寺側は宮内と主殿名代小助が出席しただけで、求馬と新藤齋宮の二人からは病気日延の願書が出ている。そこで奉行から「申し合せ候病人ども、日延はいつごろまで」と問うと返事がない。再度「来月六日までか」と尋ねると、宮内だけが「六日時分迄」と申し上げる。奉行たちは「さてさて申し合せ候て加減つかまつる病人ども」と笑い合った。中田は言う。「奉行連は相手方の仮病を知りつつ一同に笑った。法廷内とも思われぬほど和やかな気分が漂うて居る」。

十月六日に初対決が行われたが、当日は社家側が詫証文を差し出したか否かが問題となり、一峰院が社家側に書き与えた詫証文を見せるよう牧野越中守から求められた。実はこれより前一峰院は五山惣録の金地院を訪ね、そこの役僧よりいろいろ知恵をつけられていて、そのひとつは公事不調法の様子を装うこと、ふたつには書類を求められたら「今日は失念」と答えることとあったから、その注意を守って書きつけは失念と答えた。すると越中守は笑った。中田いわく「流石《さすが》は寺社奉行の重職に在る牧野越中守である。事の表裏を明察するの明がある。曩《さき》に社人共の申合仮病を笑ったのと同様に、今度も一峰院の故意失念を笑った」。

いったいに裁判担当者は上は奉行から下は留役に至るまで、まず係争者の人柄を見極めようとしたらしい。粟原主殿は大岡越前の不興を買った。「主殿、われは言わずとも一峰院に言わせよ。やかましい奴じゃ」と叱られ、また社家側の言い分を他の者には言わせずひとりで言い立てては「われは申さずとも彼らに申させよ」と叱られ、とうとう「われは立て」と追い出されてしまった。

裁判の焦点のひとつは、社家側が主張しているように、一峰院四代前の住持が宮川求馬家へ神葬を許可したという証文の真偽であった。審理を通じて、これは宮川宮内家への証文で、しかも宮内家の先祖志摩の代に、志摩本人が住持と相対でとりきめたもので、宮川本家に与えた代々神葬許可ではないことが判明し、さらには捺された一峰院の印も寺に伝わる印ではないとわかって、牧野越中守はこんな証文とばかり、扇子で向うにはね出してしまった。さてこれで社家側のいう代々神葬許可なるものが存在せず、これまで神葬の例があったのはあくまで一峰院住持との相対交渉による個別的な承認であったのが明白となり、社家側はお叱りを蒙って、事態は著るしく一峰院に有利に推移するかに思われたが、奉行の鋒先は一転して一峰院に向かったのである。

「その方は齋宮死骸を掘り出して弔いたく存ずるか」。一峰院は絶句した。本心はそうして仏式で弔い直したい。しかし彼が起草して与えた詫証文中にあったこの一句は、仲人が入って調停中、一峰院自身が妥協して抹殺していたものである。しかもぜひとも死骸を掘り出したいなどといえば、人情にもとるものとして、奉行の心証を害するのは必至である。返事をしぶっていると、越中守は「掘り出して弔いたいか、どうじゃ、どうじゃ」と責め立てる。とうとう人別の件さえ筋が通れば、ぜひとも掘り出したい訳ではござらぬと言わされてしまった。中田いわく「越中守の底意は寺法は如何に重くとも、『死骸掘出弔直』の如き極端なる判決を下すことは出来ないから、一峰院自身が先に提出した詫証文案に従て双方を妥協せしめ、社家をして寺法に背くの不調法を陳謝せしむる代りに、一峰院を譲歩せしめて、単なる『影弔』の執行を以て満足せしめんとするに在ったのである」。

　しかも越中守は「さてまた重ねて社人ども葬祭の書付願うなら、その方許してやるか」と、一峰院に向かって重大な問を発した。彼は社人たちの神式をもって一族を葬りたいという願いをもっともであると考えていたのだ。そのことは当面の訴以外の問題だと抗弁すると、「いやさ、社人ともがたって願うから申す事なり」と言う。一峰院は「大法」を持ち出して、それに基いて指図願いたいと、金地院に教えられた奥の手に訴える。「いやさ、それは寺と相対にてさ」。奉行は大法云々は回避して、あくまで双方の合意なら差し支えあるまいと言うのだ。「その義は何分にも重ねて申し上げたく」と返事すると、「いやさ、重ねてに及ぶことない。ただちに申せ」と来る。「何分にも重ねて申し上げたく願い奉る」と押し返せば、「いやさ、ただちにわれが了簡にてなることじゃ。社人ども願うと申す訳あらば、人別の訳は立ちそうなものなり」と突っこんでくる。このあと何度も押問答を繰り返したが、一峰院は「或は『御大法』に引かけ、或は『ソラバカのフリ』を偽り、或は『田舎者』の不調法を粧い、不得要領に終始したので」、越中守もこの問題は後日の決定に譲り、双方に口書の捺印を命じた。

　その口書捺印のさせ方を見るに、決して強要せず、得心できぬところがあれば書き直すという態度である。しかも社家側に対しては、神祭の件は一峰院と熟談をとげて、さらに願い出よと示唆した。捺印すんだあとは双方に一汁三菜の夕食が出た。「今人の到底想い及ばざる所で、何となく親しみのある和やかな気分が感じられる」とは中田の感想である。

中田は言う、「徳川幕府の裁判は必ずしも常に『御大法』に準拠したのではない」。「併し此大法を破る道理なるものは、事物の条理とか自然の法則と云うが如き抽象的理論ではない。現に互に相争う当事者双方の実状に対して、妥当すべき具体的事理である。換言すれば各人をしてその所を得せしむる衡平の原則これである」。裁判官に広汎な自由裁量権が与えられていたのも、この衡平の実現のためにほかならなかった。中田のこの論文には、さらに信州における市場争いの例が紹介されていて、これまた面白いものであるがいまは省略に従う。

享保の改革で法制が備ったのち、幕府の法曹の水準は法律の解釈・適用にあたって技術的にもきわめて高い水準に達した。評定所で実際に裁判を担ったのは、評定所留役勘定組頭を長とする評定所留役(本役一〇名、留役助《すけ》五名、当分助五名)である。明治になってから、むかし勘定組頭を勤めたことのある鈴木重嶺は、旧事を語る会で、評定所留役に賄賂沙汰はなかったかと問われ、「決してありません」、町奉行支配下の与力・同心の如きものとは異なり、「勘定所の方はいっさい清潔でありました」と答えている(『旧事諮問録』)。

先に武陽隠士が関東の百姓が評定所に平気で出訴すると言っているのを紹介した。『翁草』に記す常州の百姓の場合などその好例だろう。これは常陸国筑波郡の小見川を利用する上之郷七ヵ村と下之郷保末村の水論で、以前紛争の際、上之郷がまず水を取り、その後下之郷が取るべしと裁許されていたのに、その年は日でりだったので、保末村の者が夜中堰口を切って自分たちの田に水を引いたのを、上之郷の者が怒って評定所へ訴えたのである。元来上之郷の言い分に理があり、下之郷は一言の申訳もなく、先年の裁許破りとしてまさに敗訴になろうというとき、保末村の名主のうしろにいた藤八という組頭が突如大声をあげ、「先年ご裁許の節、いずれの殿様かが、もし日でり渇水の際はやむをえず堰口を切ってよろしいと仰せられました」と言い出した。殿様というのは奉行のことである。列座のうちの誰のことなのか、藤八に問うても「不見知」というのみである。奉行たちは顔を見合わせるが、互いに心当りがない。そのうち「いかさま彼の申す通り。用水は私の事に非ず、田地はいずれも同じ事なれば、向後《きょうご》互いに言い合せ、とかく作物損ぜざる様こそ肝要なれ」ということになって、「用水等分にわけ申すべき旨に相済み」、保末村の者はもうけものをした気分で帰郷したというのである。

まさに百姓は評定所の裁きをおそれてはいなかった。『耳袋』の著者根岸鎮衛は評定所留役から組頭に昇り、勘定奉行、町奉行を歴任した人で、留役の頃、甲州都留《つる》郡忍草《おしくさ》村と同山中村の入会野紛争を担当したことがあった。いったん裁断がくだっても山中村は納得せず、数回箱訴に及んだが、評定所は受けつけない。とうとう老中松平輝高に駕訴したので、老中から勘定奉行牧野大隅守に再審の命がくだり、またもや鎮衛の担当となった。牧野の在職期間からして、これは宝暦から明和にかけてのことである。

調べてみると、山中村の甚右衛門という百姓がひとり頑張って聞かない。「いたって我意強く、ほかに一人さし添いて、立ち難き事を押返し〳〵申し張りて、一年余も時々呼びいだし利害申し含めぬれど、申しつのりけるに、あまりにわからぬ事を我意をはりぬるゆえ、仔細こそあらめと」探索方を派遣することにした。探索方は帰って「裁許の通りで何も不平はないと村々でも言っています」と報告し、さて雑談となって言うことには「甲州都留郡はいたって我執深く、右出入りなにとぞこじ直して、山中の勝利になすべしとて、江戸表へ出《い》で候者どもの雑用など、月々村中小前より一銭一銭ずつ取り集め、何年かかり候とも願い申すべき由申し合せぬる由。さてまた、右惣代に出でし者どもは、いずれも同村にて命をも惜しまぬ我意の者どもを差しいだし置きぬるが、右惣代のうち甚右衛門は別して強気《ごうき》の者なるが、彼が妻は甚右衛門にまさりてすさまじき女子《おなご》なり。（先年の）裁許すみて甚右衛門帰村の節、公事に負けて帰りし趣きを聞きて、『いかが致し帰り給うや。負けて帰りて村方の者に面を合わさるべきや。早々江戸表へ立ち帰り給え』とて我が宿へ入れず、押し出しける」。

　その後吟味の折、その方、女房に追い出されて江戸表へ参ったそうだなと、鎮衛が口を滑らしたものだからたまらない。たちまち甚右衛門の顔色が変った。「江戸表は知らず、甲州に夫を追い出す女もなく、追い出され候男あるべきようなし」と喰ってかかる。つむじが完全に曲ったのである。さてこのあとは、「たとえあらぬ噂にせよ、下につくべき女房に追い出されたと言われて腹が立つなら、上に立つ公儀の裁許を下の心に叶わずとて我意を張るのは通るまい。夫婦上下の礼を知りながら、私をもって公儀をしのぐその心がわからぬ」と鎮衛が説得して、遂にこの強情者に口書に印形を捺させたという手柄話になるが、いったん曲った臍をもとに戻すには鎮衛もさぞ奮闘せねばならなかったことだろう。取調べ役はこのように百姓に気を遣い、場合によってはほとんど機嫌をとらんばかりだったのである。

逆に百姓は意気軒昂たるものがあった。大木雅夫は「それ百姓と云もの、元来性癖にして、すさまじきものなり。……百姓の公事は、武士の軍戦なり。百姓は戦う事叶わざる故に、公所へ出て命を諍《あらそ》う」という田中丘隅の言を引き、「かれの描く『すさまじき』百姓像は、権威に屈従し、憐みを乞い、諦念に生きる江戸時代の農民というたぐいの通俗的な――あるいは特定の史観に呪縛された学者たちの――百姓像とはまるで違っている」と言う。美濃郡上一揆における百姓たちの行動を思えば、また山中村甚右衛門の法廷での態度を見れば、丘隅の言が奇矯ではないのをわれわれもまた知ることができよう。

いわゆる百姓一揆についてはこの本では取り上げない。取り上げたら大変なことになるからだ。しかし保坂智の研究によって、この分野でも新しい知見が拓かれつつあることだけは言っておきたい（保坂智『百姓一揆とその作法』その他）。保坂は通説の多くの誤りをただしているが、中でも、越訴は幕府によって事実上受理されていたし、罰されても軽罪だったことを明らかにしたのは鮮やかだった。通説は越訴は禁じられ、犯せば獄門、磔と説いていたのである。ただし故平松義郎は遺著の中でさすがに、「『駕籠訴』の刑は一般に軽く、急度叱《きっとしか》りの程度であった」と書いていていた。

保坂の説くところでは幕府が禁じたのは徒党・強訴・逃散で、徒党は強訴・逃散の前段階だから、実質は強訴と逃散のふたつが非法ということになる。しかし徳川期を通じて強訴・逃散はたえず行われ、処罰は重い場合もあり軽い例もあり、全く処罰されぬことすらあった。建て前は不法であり、処罰されるにしても、徳川期の社会は強訴・逃散をあるべき現象として組みこんだシステムだったといってよい。なぜなら、一揆は決して藩公の支配を否定するものではなく、藩公の仁心を覆う悪臣の所為を糾弾するものと百姓自身に意識されていたからである。彼らが要求したのは百姓相続の保障、すなわち現体制下での百姓身分の存続であって、それ自体何ら違法性を含まず、ただそれを実現するには強訴という違法行為に訴えるしかなかった。ただし百姓は一揆の違法性とはただ形式にすぎず、その精神は支配者の説く正義とも合致すると信じた。それゆえに彼らは誇り高い存在だったのである。

『鸚鵡籠中記』の元禄十六年七月二十六日の項には、「頃日《けいじつ》、尾州の百姓数十人、佐田弾介処にて云い渡しを聞きて大いに笑い、ときの声をどうと揚げたり。すなわち頭取五人籠舎」という記事がある。佐田弾介というのは代官であろうか。私はこの記事が気になって仕方がない。そんなことをすれば仕置が待っているとわかっているのに、申し渡しをどっと笑ってしまう百姓。江戸時代は百姓像ひとつとっても、まだわれわれには未知の時代なのである。

登場人物略歴

朝日重章（一六七四〜一七一三）
尾張藩士、禄百石。御畳奉行・足軽頭などを勤める。通称文左衛門。二十七年にわたる日記『鸚鵡籠中記』を残す。（神坂次郎『元禄御畳奉行の日記』）

天野信景（一六六三〜一七三三）
尾張藩士、鉄砲頭を勤める。和学者として知られ、著書に『塩尻』などがある。

雨森芳洲（一六六八〜一七五五）
近江国に生まれ、江戸に出て木下順庵に学ぶ。対馬藩に仕え、対朝鮮外交にたずさわる。漢詩人としても高名。著書に『交隣提醒』『芳洲詩集』などがある。（上垣外憲一『雨森芳洲』）

井関隆子（一七八五〜一八四四）
幕臣井関親興（二百五十俵）の妻。和学のたしなみ深く、天保十一年から十五年に及ぶ詳細な日記を残した。単なるその日の日録ではなく、世相その他にわたる随筆といってよい。

今泉みね（一八五五〜一九三七）
奥医師桂川甫周の二女。司法省出仕の今泉利春（佐賀人）と結婚。昭和十年『名ごりの夢』を口述。

浦上玉堂（一七四五〜一八二〇）
岡山新田藩士。寛政六年旅先で脱藩、各地を放浪し、晩年は京都に住む。江戸時代の南画派中、屈指の画人。代表作は『東雲篩雪図』。

蠣崎波響（一七六四〜一八二六）
松前藩主松前資広の五男。蠣崎家を継ぎ家老となる。円山応挙に学び、画をよくし（代表作『夷酋列像』）、詩人としても知らる。（中村真一郎『蠣崎波響の生涯』）

勝小吉（一八〇二〜一八五〇）

勝海舟の父。旗本男谷平蔵の三男に生れ、勝家（禄高四十一石余）を継ぐ。終生無役。四十二歳の時、自伝『夢酔独言』を書く。

神沢貞幹（一七一〇～一七九五）

俳号杜口。京都町奉行与力。『翁草』『塵泥』を編む。

神谷潤亭（生没年不詳）

もと中津藩士。十五歳で致仕し、諸国を遊歴。医術を業とし、一節切《ひとよぎり》尺八の名手として知らる。著作に『糸竹古今集』（文化三年）などがある。（森銑三『神谷潤亭』）

河井継之介（一八二七～一八六八）

長岡藩士。佐久間象山に学び、郡奉行、町奉行を経て執政となる。戊辰戦争時、中立策をとったが、やむを得ず官軍に抗戦。長岡城奪還の際、負傷して陣没。『塵壺』は西国旅行記。（司馬遼太郎『峠』）

川路聖謨（一八〇一～一八六八）

幕末の実力派官僚の代表。佐渡奉行、大坂町奉行等を経て、勘定奉行、公事方・海防係となり、ロシアとの外交交渉に当る。井伊大老に左遷され、幕府倒壊のときに自決。著書に『島根のすさみ』『長崎日記』『下田日記』『東洋金鴻』。（佐藤誠三郎『「死の跳躍を」を越えて』）

川渡甚太夫（一八〇七～一八七二）

若狭国三方郡久々子村で農・漁業、金融業を営む甚太夫家八代目。中年から北前船船主となるなど波瀾の一生を送る。自伝に『川渡甚太夫一代記』。

清河八郎（一八三〇～一八六三）

出羽国田川郡清川村の郷士。江戸に出て志士と交わり、一八六三年、幕府浪士隊を率いて上洛するが、尊攘派とにらまれて暗殺された。『西遊草』は母に伴っての西国旅行記。

小西来山（一六五四～一七一六）

父は大坂の薬種商。松永宗因門下。十八歳で宗匠となり、雑俳点者として活躍するなど、大坂俳壇に有力な地位を占めた。

後藤艮山（一六五九〜一七三三）
江戸に生れ、牧村卜寿に医を学び、京都に移って名声を得、門人二百人を越ゆ。古方派の祖とされ、弟子に山脇東洋がある。

司馬江漢（一七四七〜一八一八）
本姓安藤氏。江戸に生れ、各派の画法を学んだのち、西洋画の影響を受けて油彩画を描き、エッチングの制作にも成功した。著述に『春波楼筆記』などがある。

十方庵敬順（一七六二〜一八三二）
東本願寺派本法寺（小日向水道端）内の廓然寺住職。五十一歳で隠居し、江戸郊外を探訪するのを楽しみとし、『遊歴雑記』全五編を著わした。

菅江真澄（一七五四〜一八二九）
本名白井秀雄。三河国に生れ、本草学・和学を修めた。天明三年旅立って東北各地・蝦夷を巡歴し、晩年は久保田に在って秋田藩のため地誌を編集した。日記体の巡歴記は民俗学上の貴重な資料とされる。（柳田国男『菅江真澄』）

鈴木牧之（一七七〇〜一八四二）
越後国魚沼郡塩沢で質屋業を営むかたわら、俳句・紀行文をものし、江戸文人と交遊した。『北越雪譜』は江戸期随筆中の傑作と称せられる。

高村光雲（一八五二〜一九三四）
高村光太郎の父。木彫を学び、明治彫刻界の重鎮となる。代表作に『老猿』など。著述に『幕末維新回顧談』。

高山彦九郎（一七四七〜一七九三）
上野国新田郡の郷士。尊皇思想をもって聞こえ、諸国を遊歴。幕府の疑うところになり、久留米で自刃。林子平、蒲生君平とともに寛政の三奇人と称される。

高木善助（一七八六～一八五四）
大坂天満の商人。屋号平野屋。古河藩用達を勤めた。調所笑左衛門による薩摩藩政改革に関わり、しばしば大坂・鹿児島間を往復し、その記録『薩陽往返記事』を遺した。

建部綾足（一七一九～一七七四）
弘前藩家老喜田村家の二男。二十歳のとき出奔、兄嫁との恋のためとされるが異論もある。国学者・俳人として聞こえ、物語にも手を染め、『本朝水滸伝』は近年評価が高い。

橘南谿（一七五三～一八〇五）
名は春暉《はるあきら》。伊勢国に生れ、京で山脇東洋らに医学を学び開業。旅を好み、紀行文『西遊記』『東遊記』は刊行されて広く読まれた。随筆集『北窓瑣談』も有名。

田中丘隅（?～一七二九）
武蔵国多摩郡の農家に生る。農政・治水にくわしく、幕府代官に登用された。著書に『民間省要』がある。

徳川重倫（一七四六～一八二九）
紀州藩八代藩主。二十歳で藩政を継いだが、狂暴の振舞多く、安永四年、三十歳で隠居させられた。太真と号し大殿様と称せられ、八十四歳まで長生きした。

徳本（一七五三～一八一六）
紀伊国に生れ、二十七歳の時出家、様々修業を積み、諸国を回遊して庶民の教化に勤めた。晩年江戸の一行院（浄土宗）に入り、中興開山となる。

戸田旭山（一六九六～一七六九）
本姓鈴木氏。岡山藩物頭の家に生れたが、家を次男に譲り、戸田氏を嗣いで医家となる。初め京、大坂で貧窮したが、ある商人の保護を受けて医師として成功、本草学にも通じ、たびたび薬物会を開いた。(森銑三『戸田旭山』)

中川延良(一七九五〜一八六二)

対馬藩士。楽郊と号す。藩主の側近役を勤む。聞きとめた対馬の遺事を四十年にわたって記録、安政年間に『楽郊紀聞』として完成した。

中山高陽(一七一七〜一七八〇)

土佐国の商家に生れ、京坂で儒学・画技を学び、四十二歳で江戸に出て文人画家とし聞こえ、高知藩の士分に遇された。安永元年に東北を旅し、その記録が『奥游日録』である。

成田狸庵(一七五九〜一八三三)

成田源十郎朝辰。中津藩士。二十余歳で致仕、江戸新橋で易者を営む。著書に『狸説』あり。(森銑三『新橋の狸先生』)

根岸鎮衛(一七三七〜一八一五)

幕臣。勘定役としてスタートし、評定所留役、勘定組頭、同吟味役、佐渡奉行、勘定奉行、町奉行に進む。御徒士の出で千石取りとなった出頭人で、それが前身について雲助だったとか噂を呼ぶ原因になった。実父が相模国の出で株を買って御徒士となったのも、そのような噂に関係があろう。能吏で数々の逸話の持ち主だが、自身も奇譚逸話を好み『耳嚢』(俗に『耳袋』)を遺した。

野田成亮(一七五六〜一八三五)

日向佐土原藩の修験者。泉光院と号す。俳句、茶道、立花をたしなみ、柔術、棒術をよくする多芸の人。文化九年、藩公の許可を受けて九峰修行の旅に出、六年二ヵ月かけて全国を回遊した。『日本九峰修行日記』はその記録である。

羽倉外記(一七九〇〜一八六二)

幕臣にして儒学者。簡堂と号す。古賀精里に学び、代官として関東、東海で勤務、水野忠邦に用いられて活躍したが、水野失脚とともに辞職。嘉永に至り海防策を建言した。

伴蒿蹊（一七三三〜一八〇六）
　京都の商家に生れ、富豪の本家を継ぎ、家業に専念したが、三十六歳で隠居し、歌作、著述に従った。著作『近世畸人伝』は広く世に行われた。

藤井此蔵（一八〇八〜一八七六）
　伊予国大三島の宮大工棟梁。五十三歳の時社寺参詣の旅に出、三十四カ国を回る。一生記を書き遺す。

藤原衆秀（生没年不詳）
　江戸深川仲町の富本節語り。本名は繁太夫。文政から天保にかけて、豊後大掾藤原衆秀の名で東北、北陸地方を興行、京都でたいこもちになり、大坂で零落。旅日記『筆満可勢』を遺す。

古川古松軒（一七二六〜一八〇七）
　通称平次兵衛。備中国に生る。安永年間九州を巡歴して『西遊雑記』を著わし、天明七年、幕府巡見使一行に加わり、東北、蝦夷を回って『東遊雑記』を著わした。各地の生活水準を比較考察するのを得意とした。

松岡恕庵（一六六八〜一七四六）
　京都に生れ、闇斎、仁斎に儒学を学び、稲生若水に本草学を学び、儒医として京都で開業。幕命を受け、江戸に和薬改会所を設置した。

松浦静山（一七六〇〜一八四一）
　平戸藩九代藩主。名は清。藩政改革に取組み藩校維新館を創立。江戸、国許の文庫に三万冊以上の書籍を収集した。『甲子夜話』二七八巻を著わす。

宮田壺隠（一七五四〜一八二一）
　肥後国山本郡の人。家業の医術にたずさわる傍ら村塾を開いたが、文化七年藩校時習館の訓導にあげられた。奇行をもって鳴る。

明王太郎敏景（一八〇一〜一八四五）
　明王太郎は相模国大山寺の大工棟梁手中家の世襲名である。文政六年襲名。天保二年造営した橘樹神社拝殿が代表作。天保十二年、伊勢参宮の旅に出る。弘化元年江戸城普請にも加わる。

村尾嘉陵（一七六〇～一八四一）
　源右衛門正靖。清水徳川家の御広敷用人を勤む。江戸郊外の名勝史蹟を探訪し、二十六冊の紀行文を遺した。

室鳩巣（一六五八～一七三四）
　江戸に生れ、木下順庵に学ぶ。幕府の儒官となり、将軍吉宗の信任を得て『六諭衍義』を和訳、世子家重の侍講も勤めた。道義を重んじ、『赤穂義人録』『駿台雑話』などの著書がある。

本居大平（一七五六～一八三三）
　伊勢国松坂の人で、本居宣長の高弟のちに養子となる。和歌山に移って紀州徳川家に仕え、宣長学の普及に力を尽す。

百井塘雨（？～一七九四）
　京都の豪商万屋の次男。安永初年より天明の末年まで、身を六部の姿にやつして諸国を回遊、足跡及ばざるは六、七国といわれる。『笈埃随筆』は旅行中の奇談を集めたもの。橘南谿の『東西遊記』にも材料を提供した。

山田三川（一八〇四～一八六二）
　伊勢国三重郡の医家に生る。江戸に出て昌平黌に入り古賀侗庵、松崎慊堂に学ぶ。松前藩に仕えたがやがて致仕、羽倉簡堂のもとに身を寄す。安中藩に仕え重用さる。『想古録』は三川の遺稿を整理して、明治年間に『東京日日新聞』に連載したものである。

山村通庵（一六七二～一七五一）
　伊勢国松坂の人。医業にたずさわる傍ら、禅、茶、香、立花の諸芸に通ず。人となり無我、正直。

横井金谷（一七六一～一八三二）
　近江国栗太郡下笠の工人の家に生れる。大坂宗金寺に入るも家出、江戸に出て増上寺の修行僧となり、追放されて放浪ののち京都の金谷山極楽寺の住職となる。極楽寺焼亡して旅に出、各地をまわり名古屋に落着く。三宝院門主の大峰入に従う。近江国坂本で没す。自ら『金谷上人御一代記』をつくる。

★カッコ内の書名はその人物をよりよく知りたい人のための手引きのつもりです。

元号西暦対照表

元　禄	1688～1704
宝　永	1704～1711
正　徳	1711～1716
享　保	1716～1736
元　文	1736～1741
寛　保	1741～1744
延　享	1744～1748
寛　延	1748～1751
宝　暦	1751～1764
明　和	1764～1772
安　永	1772～1781
天　明	1781～1789
寛　政	1789～1801
享　和	1801～1804
文　化	1804～1818
文　政	1818～1830
天　保	1830～1844
弘　化	1844～1848
嘉　永	1848～1854
安　政	1854～1860
万　延	1860～1861
文　久	1861～1864
元　治	1864～1865
慶　応	1865～1868

引用書目一覧

神沢杜口	翁草（日本随筆大成第三期19～24）	吉川弘文館
天野信景	塩尻・同拾遺（日本随筆大成第三期9～18）	吉川弘文館
松浦静山	甲子夜話正篇・続篇・三篇	平凡社・東洋文庫
根岸鎮衛	耳袋	平凡社・東洋文庫
	井関隆子日記	勉誠社
	菅江真澄遊覧記	平凡社・東洋文庫
	菅江真澄遊覧記（日本庶民生活史料集成3）	三一書房
野田成亮	日本九峰修行日記（日本庶民生活史料集成2）	三一書房
司馬江漢	西遊日記（日本庶民生活史料集成2）	三一書房
伴　蒿蹊	近世畸人伝・続近世畸人伝	平凡社・東洋文庫
橘　南谿	東西遊記	平凡社・東洋文庫
古川古松軒	東遊雑記（日本庶民生活史料集成3）	三一書房
古川古松軒	西遊雑記（日本庶民生活史料集成2）	三一書房
中川延良	楽郊紀聞	平凡社・東洋文庫
百井塘雨	笈埃随筆（日本随筆大成第二期12）	吉川弘文館
瀧沢馬琴	兎園小説（日本随筆大成第二期1）	吉川弘文館
瀧沢馬琴	羇旅漫録（日本随筆大成第一期1）	吉川弘文館
橘春暉（南谿）	北窓瑣談（日本随筆大成第二期15）	吉川弘文館
	元禄世間咄風聞集	岩波文庫
朝日重章	鸚鵡籠中記（摘録）	岩波文庫
鈴木牧之	夜職草・秋山紀行	平凡社・東洋文庫
室　鳩巣	駿台雑話	岩波文庫
	雲萍雑志	岩波文庫
武陽隠士	世事見聞録	改造文庫
平田篤胤	仙境異聞・勝五郎再生記聞	岩波文庫
建部綾足	折々草（新日本古典文学体系79）	岩波書店
高山彦九郎	北行日記（日本庶民生活史料集成3）	三一書房
中山高陽	奥游日録（日本庶民生活史料集成3）	三一書房
渡辺崋山	游相日記（日本庶民生活史料集成3）	三一書房
高木善助	薩陽往返記事（日本庶民生活史料集成2）	三一書房

川路聖謨	島根のすさみ	平凡社・東洋文庫
川路聖謨	長崎日記	平凡社・東洋文庫
川路聖謨	東洋金鴻	平凡社・東洋文庫
川路聖謨	寧府紀事（川路聖謨文書２－５）	東大出版会
川路聖謨	遺書（川路聖謨文書８）	東大出版会
川路さと	ね覚めのすさび（川路聖謨文書８）	東大出版会
武藤巖男	肥後先哲偉蹟	同刊行会
藤原衆秀	筆満可勢（日本庶民生活史料集成３）	三一書房
	藤井此蔵一生記（日本庶民生活史料集成２）	三一書房
	金谷上人御一代記（日本人の自伝23）	平凡社
	金谷上人行状記	平凡社・東洋文庫
	川渡甚太夫一代記	平凡社・東洋文庫
本居大平	有馬日記（板坂耀子編・江戸温泉紀行）	平凡社・東洋文庫
桑原久子	二荒詣日記（前田淑編・近世福岡地方女流文芸集）	葦書房
河井継之助	塵壺（日本庶民生活史料集成２）	三一書房
清河八郎	西遊草	岩波文庫
十方庵敬順	遊歴雑記初編	平凡社・東洋文庫
村尾嘉陵	江戸近郊道しるべ	平凡社・東洋文庫
一返舎琴声	膝打毛（板坂耀子編・近世紀行文集成２）	葦書房
	大岡政談	平凡社・東洋文庫
山田三川	想古録	平凡社・東洋文庫
高村光雲	幕末維新回顧談	岩波文庫
勝　小吉	夢酔独言	平凡社・東洋文庫
河野桐谷編	史話・江戸は過ぎる	新人物往来社
	戊辰物語	岩波文庫
今泉みね	名ごりの夢	平凡社・東洋文庫
	旧事諮問録	岩波文庫
	＊　　＊	＊
森　銑三	新橋の狸先生（増補）	岩波文庫
	おらんだ正月	冨山房文庫
中田　薫	徳川時代の民事裁判実録・同続篇（法制史論集３下）	岩波書店
夢野久作	近世快人伝（夢野久作著作集５）	葦書房

宮崎滔天	三十三年之夢	平凡社・東洋文庫
宮崎滔天	肥後人物論評（宮崎滔天全集２）	平凡社
権藤成卿	自治民範（権藤成卿著作集１）	ギロチン社
中村真一郎	頼山陽とその時代	中公文庫
大木雅夫	日本人の法観念	岩波書店
中野三敏	江戸文化評判記	中公新書
中野三敏	十八世紀の江戸文芸	岩波書店
高木　侃	三くだり半	平凡社
笠谷和比古	主君「押込」の構造	平凡社
平松義郎	江戸の罪と罰	平凡社
速水　融	江戸の農民生活史	NHKブックス
鬼頭　宏	日本二千年の人口史	PHP研究所
藤谷俊雄	「おかげまいり」と「ええじゃないか」	岩波新書
瀬田勝哉	下人の社寺参詣（瀬田・洛中洛外の群像）	平凡社
勝俣鎮夫	説教「さんせう太夫」の構造（勝俣・戦国時代論）	岩波書店
板坂耀子	江戸を歩く	葦書房
柴　桂子	近世おんな旅日記	吉川弘文館
西和夫編	伊勢道中日記	平凡社
山田由香里	江戸時代の伊勢参宮（西和夫編・伊勢道中記）	平凡社
安藤精一	和歌山県の歴史	山川出版社
江守善三	バナナ園	「カンナ」95号
岡本綺堂	江戸の思い出	河出文庫
岡本綺堂	半七捕物帳	光文社時代小説文庫
保坂　智	百姓一揆とその作法	吉川弘文館
保坂　智	百姓一揆ーその虚像と実像（日本の近世10）	中央公論社
保坂　智	百姓一揆（日本通史13）	岩波書店
ロドリーゲス	日本教会史（大航海時代叢書10、11）	岩波書店
ツュンベリ	江戸参府随行記	平凡社・東洋文庫
フィッセル	日本風俗備考	平凡社・東洋文庫
ライシャワー	日本・過去と現在	時事通信社

Fletcher, J, Integrative History ; Journal of Turkish Studies 9, 1985

あとがき

一九九九年『西日本新聞』に、江戸人のプロフィルをエピソード風に五十回連載した。『逝きし世の面影』（葦書房）は西洋人の見聞録をもとにして、古き日本の姿を再現しようとしたもので、そのときブンヤ風に言うと、話の裏をとるために、江戸時代のいろんな文献を利用した。しかし、西洋人の記録を主とする本であったので、折角読みこんでノートしたものを十分使えないのが残念だった。『西日本新聞』の連載はその利用できなかった落穂を拾ったものだが、五十回といっても一回がたしか千字、用意したもののほんの一部しか使えなかったのである。

そのうちうんと書き足して、江戸人の書き遺したことから、江戸という時代の風貌を描いてみようと思っていたが、うかうかと五年も経ってしまった。遊んだ記憶もないけれども、やはり怠けていたのか。その間『週刊エコノミスト』の連載のうち本（『逝きし世の面影』）にしなかった部分を大幅にふくらませて、『日本近世の起源』（弓立社）という一冊にしたのだから、そんなに怠けていたのでもないような気がするが、ものを書くより本を読んでいた方が楽しくて、気がつけば二年や三年は夢のように過ぎてしまう。

『西日本新聞』の連載に書き足して一本にするという約束は、早くから三原浩良さんとしていた。みなさんご承知の事情から（あるいはご存知ないか）、弦書房という新しい書肆を始めた三原さんは小著の出来上るのを心待ちにして下さっていたのに、×月までには書きますという約束を延期すること度知れず、いつのまにこんなにのらりくらりの名手になったのか、自分ながら面妖である。しかし、とにかく仕上げた。分量ももとの数倍になった。どうだ、やったぜと三原さんに言いたい。もっとも中味についてはわからない。いつものことだが、自分が少しはいいものを書いたのか、それとも詰らぬものを書いたのか、書き上げたときは皆目わからないのである。

私の若い頃、伊藤整の『日本文壇史』が出て、それは少なからぬショックだった。こんな文学史の書き方があるのだなと開眼した。伊藤さんはブルックスの『花ひらくニュー・イングランド』から、こういう逸話のコラージュのような手法を学んだとおっしゃっているのだが、ブルックスは読んではみたものの、知らぬ人名ばかり出て来て、しかも知っているのが当然みたいな書き方だものだから頭に来た。『文壇史』のほうがずっと面白い。『逝きし世の面影』も一種のコラージュだと思うが、こういう手法はもともと私の性に合っているのかも知れない。私は歴史書の理想として『イタリアルネサンスの文化』と『中世の秋』にずっと憧れて来た。死ぬまでに何とかあんな風なものを書きたいと願う。この本はその一里塚であってくれるだろうか。

江戸時代の随筆や紀行文は、一生かけても読み切れるかどうかわからぬほどのもので、私などその一端をかじったにすぎず、それは巻末の引用書目一覧を見れば一目瞭然である。私は東洋文庫とか岩波文庫とか、誰でも読めるような刊本をあさっただけで、それにもともと江戸時代の研究家でも何でもない。これから江戸時代の研究をして行く気もない。私はただ近代とはあまりに隔たった人びとの表情に魅きこまれただけである。おかげで精神の衛生を保ちつつこの本を書くことができた。中村真一郎さんは江戸時代の木版の漢詩集を読んでノイローゼが直ったそうだが、いろんなエピソードを拾うとき、束の間私は倖せであった。

こんな本を書かねば、死ぬまで読まなかっただろう文献をひもといたのは余得だったが、中でも川路の『寧府紀事』はうれしかった。おもしろいだけでなく風趣にもみちて、これまで小説のネタにならなかったのが不思議である。私がひまなら『寧府《なら》の川路左衛門尉』と題して小説仕立てのものを書いてみたいところだ。

なお引用文は用字・仮名遣い・句読点など現代ふうに改めた。菅江真澄の文が現代文であるのは、依拠したテキストが東洋文庫の口語訳であるゆえである。ただし原文が『日本庶民生活史料集成』に入っている場合は、原文を引用した。文中の年齢はすべて数え年である。現代の年齢に合わせるには一、二年引かねばならない。

読者の便宜にと思って、おせっかいかも知れぬが、巻末に元号西暦対照表と登場人物略歴をつけておいた。馬琴、山陽、篤胤、崋山といった超有名人は省いてある。『日本史広辞典』（山川出版社）のお世話になったことを断っておく。また例によって、山田雅彦・梨佐夫妻にいろいろお世話になったことを謝したい。

二〇〇四年四月

著者識

解説

三浦小太郎

渡辺京二の著作は何から読んだらいいでしょうか、と問われた時、私は常に本書『江戸という幻景』を薦めている。本書は読んでいて実に楽しい江戸時代のエピソードにあふれており、登場する人物がみな好ましい。一例を挙げれば「新橋の狸先生」こと成田狸庵の話などは「朗々たる奇人」のうらやましいほど幸福な人生である。この人は易者の傍ら、狸を飼うことに一生の楽しみを見出していた。成田は次のような今様を残している。

「静けき御代の楽しみは、市の中なるわが宿に、幾年となく古狸、いつか深山を忘れけむ、我は深山の心地して、汝よりほかに友ぞなき」。この夢見るような人生を送った成田は、夢そのものも愛し夢日記を残したが、その夢にも常に狸が出てきている。

渡辺京二の代表作とされる『逝きし世の面影』と、本書は同じく江戸時代を扱っている。しかし、『面影』は、幕末から明治初期に日本を訪れた西洋人の記録をもとに江戸時代について考察したものであり、そこには日本人から確実にかつての文明が失われていくことへの哀惜感がにじみ出ている。本書『江戸という幻景』は、江戸時代に書かれた文献、特に随筆や紀行文を中心に構成されているため、より直截的に江戸時代の精神世界が読者に伝わり、確かにある幸福な時代があったのだという感銘を与えてくれる。

だが、本書は江戸時代への単なる讃美や再評価ではない。まして「過去の日本は素晴らしかった」「わが祖国の偉大な歴史」などという評価はほとんど誤読に近い。そのような勘違いの評価は、すぐに「当時は平均寿命は現代より遥かに短かった」「貧困や身売りがあり女性は抑圧されていた」などの見当違いの反論を呼ぶだけである。渡辺京二はそのような次元で江戸時代を見ようとしたのではない。

渡辺京二が、石牟礼道子の最もよき理解者であったことは今更言うまでもあるまい。石牟礼の『苦海浄土』もまた多くの誤読にさらされた作品だった。水俣病患者をひたすら美しく、時には夢幻的に昇華された姿に描く石牟礼の姿勢を、患者の暗部に目を向けないものだ、社会的な視点が不足しているなどという批判に対し、渡辺は誤解を恐れず『苦海浄土』はルポルタージュではない、石牟礼道子の私小説であると答えている。「(石牟礼道子と患者とその家族たちは)この世の生存の構造とどうしても適合することのできなくなった人間、いわば人外の境に追放された人間」であり「一度そういう位相に置かれた人間は幻想の小島にむけてあてどない船出を試みるしかほかにすることもない」(「石牟礼道子の世界」)。水俣の漁師たちは、病気だけではなく、近代化と工業化という戦後の経済発展の中で、自らの居場所を解体され「もうひとつのこの世」を夢見るしかない人々だった。石牟礼道子もまた同じく、この世界とどうしても相容れぬ感性を持つことで、患者たちの精神と一体化し『苦海浄土』を生み出したのだ。

渡辺京二は一九八〇年代の高度消費資本主義と大衆化社会の実現は、日本社会の伝統的パラダイムの一切を解体し、道徳的規範の中性化をもたらし、あらゆる束縛から解放された個人の自由と、金銭を尺度とする経済的価値がすべてを支配したとみなした。しかし、渡辺京二はそこに一定の価値を認めつつ、本質的にこの文明は人間を幸福にするものではないとみなしている。

「人間は自己が生きていることと、自己をして生かしめている世界との間に、意味的な連関をうちたてないでは真に生きることはできません」（『なぜいま人類史か』）。現代文明はいかに利点があろうとも、世界と人間との間を引き裂き、時には敵対化させ、個人をあらゆる有機的な関係から引き離した。現代人は今「苦海浄土」の世界を生きている。渡辺京二は、他にいかなる欠点や暗黒面があったにせよ、人間と世界、人間と自然との有機的な結びつきを持ち得ていた江戸時代を、私たちが失ってしまったからこそ求めてやまない「もうひとつのこの世」として描き出したのである。

本書で最も美しく描かれているのは、第九章「隠されたゆたかさ」における菅江真澄の描いた下北半島や東北地方の情景である。「真澄は（中略）その土地の暮しぶりがたとえ外見貧しいものであっても、その貧しさをただちに悲惨さと解さず、むしろそのうちに含まれる何らかのゆたかさや充溢を読みとろうとするまなざしの持ち主だった」。ここでも見事な引用で描かれる各地の祭りや人々の慣習や年中行事、様々な神々や武将についての旧蹟や伝説を、やや信じがたいことでもそのまま記す真澄の筆を渡辺は高く評価する。「彼は知っていたというべきである。このような神々や旧蹟が、里人の暮しに歴史という厚みを加え、品位と風雅とゆたかさを添えているのだということを」。真澄の描く情景は、時として宮沢賢治の世界を思わせる。

しかし、渡辺京二はこの美しき文明が、なぜ滅びたのかも、第五章「いつでも死ねる心」にて、江戸時代の思想的限界を見据えつつ指摘している。江戸時代の人々は「植物が枯死するように、従容として死を迎え」た。同時にそれは、人生を徹底的に楽しむことでもあった。本章で紹介される、人生を打ち上げ花火のようなものだとみなし、自由奔放に生きた篠崎仁三郎の一生は確かに爽快だ。仁三郎同様、江戸時代の人々は、生であれ死であれ、何かにこだわることを「野暮天」とし、こだわりを突き抜けることを「粋」とみなした。しかし、それはある意味「はぐらかし」であると渡辺は言う。「（仁三郎は）同時に人生にははぐらかすことのできぬものがあるという事実から、ひたすら逃げまくっていたのではあるまいか」。

渡辺京二は、江戸時代の文化的成熟が、現代同様の価値相対主義を導くことを見抜いていた。そして遺作となった『小さきものの近代』では、百姓一揆の指導者たちの言葉から、江戸時代の限界を突き破る「個の自覚」に向けた思想的覚醒が芽生えていたことを明らかにしている。渡辺京二は生涯、思想的な歩みを止めることなく「反時代的考察」を書き続けてきたのだ。

（二〇二三年二月、評論家）

〈著者略歴〉

渡辺京二（わたなべ・きょうじ）

一九三〇年、京都市生まれ。熊本市在住。
日本近代史家。二〇二二年十二月二十五日逝去。
主な著書『北一輝』（毎日出版文化賞、朝日新聞社）、『評伝宮崎滔天』（書肆心水）、『神風連とその時代』『なぜいま人類史か』『日本近世の起源』（以上、洋泉社）、『逝きし世の面影』（和辻哲郎文化賞、平凡社）、『新編・荒野に立つ虹』『近代をどう超えるか』『もうひとつのこの世――石牟礼道子の宇宙』『預言の哀しみ――石牟礼道子の宇宙Ⅱ』『死民と日常――私の水俣病闘争』『万象の訪れ――わが思索』『幻のえにし――渡辺京二発言集』『肩書のない人生――渡辺京二発言集2』『小さきものの近代 1』（以上、弦書房）、『黒船前夜――ロシア・アイヌ・日本の三国志』（大佛次郎賞、洋泉社）、『維新の夢』『民衆という幻像』（以上、ちくま学芸文庫）、『細部にやどる夢――私と西洋文学』（石風社）、『幻影の明治――名もなき人びとの肖像』（平凡社）、『バテレンの世紀』（読売文学賞、新潮社）、『原発とジャングル』（晶文社）、『夢ひらく彼方へ　ファンタジーの周辺』上・下（亜紀書房）など。

［新装版］江《え》戸《ど》という幻《げん》景《けい》

二〇〇四年 六 月三〇日初版発行
二〇二三年 三 月二〇日新装版発行

著　者　渡辺京二
発行者　小野静男
発行所　株式会社　弦書房
（〒810・0041）
福岡市中央区大名二－二－四三
ELK大名ビル三〇一
電　話　〇九二・七二六・九八八五
ＦＡＸ　〇九二・七二六・九八八六

印刷・製本　シナノ書籍印刷株式会社

落丁・乱丁の本はお取り替えします。

ISBN978-4-86329-264-2 C0095

4

死民と日常　私の水俣病闘争

昭和44年、いかなる支援も受けられず孤立した患者家族らと立ち上がり、〈闘争〉を支援することに徹した著者による初の闘争論集。患者たちはチッソに対して何を求めたのか。市民運動とは一線を画した〈闘争〉の本質を改めて語る。

水俣病論集
〈四六判・288頁〉 2300円　2017刊

5

もうひとつのこの世　石牟礼道子の宇宙

〈石牟礼文学〉の特異な独創性が渡辺京二によって発見されて半世紀。互いに触発される日々の中から生まれた〈石牟礼道子論〉を集成。石牟礼文学の豊かさときわだつ特異性を著者独自の視点から明快に解き明かす。

石牟礼道子論集①
〈四六判・232頁〉【3刷】 2200円　2013刊

6

預言の哀しみ　石牟礼道子の宇宙Ⅱ

二〇一八年二月に亡くなった石牟礼道子と互いに支えあった著者が石牟礼作品の世界を解読した充実の一冊。「石牟礼道子闘病記」ほか、新作能「沖宮」、「春の城」「椿の海の記」「十六夜橋」など各作品に込められた深い含意を伝える。

石牟礼道子論集②
〈四六判・188頁〉 1900円　2018刊

7

未踏の野を過ぎて

現代とはなぜこんなにも棲みにくいのか。近現代がかかえる歪みを鋭く分析、変貌する世相の本質をつかみ生き方の支柱を示す。東日本大震災にふれた「無常こそわが友」、「社会という幻想」他30編。

世相評論集
〈四六判・232頁〉【2刷】 2000円　2011刊

8

近代をどう超えるか　渡辺京二対談集

江戸文明からグローバリズムまで、知の最前線の7人と現代が直面する課題を徹底討論。近代を超える様々な可能性を模索する。【対談者】榊原英資、中野三敏、大嶋仁、有馬学、岩岡中正、武田修志、森崎茂

対談集
〈四六判・208頁〉【2刷】 1800円
2003刊

9

幻のえにし　渡辺京二発言集

「自分が自分の主人公として独立する」とはどういうことなのか。さらに、谷川雁、吉本隆明、石牟礼道子らとの深い絆についても語られており、その言葉にふれながら読者は今どうすべきなのかを考えさせてくれる、慈愛に満ちた一冊。

発言集①
〈四六判・272頁〉 2200円
2020刊

10

肩書のない人生　渡辺京二発言集②

昭和五年生れの独学者の視角は限りなく広い。その終わりなき思索の旅から紡ぎ出される言葉をくり返し、聞いてみたい。◆**一九七〇年十月～十二月の日記**も初収録。三島由紀夫事件、最初期の水俣病闘争、日々の読書録等、渡辺史学の源を初めて開示する。

発言集②
〈四六判・232頁〉 2000円
2021刊

11

小さきものの近代 1

『逝きし世の面影』『江戸という幻景』に続く日本近代素描。国家次元のストーリーではなく、近代国民国家建設の過程で支配される人びと＝小さき人びとが、維新革命の大変動をどう受けとめ、自身の〈近代〉を創り出すために、どのように心を尽くしたかを描く。新たな視点で歴史を読む刺激に満ちた書。

近代批評集③
〈四六判・320頁〉 3000円
2022刊

＊表示価格は税別